アマチュアが知らない

ゴルフの超基本

著 三觜喜一

日本文芸社

はじめに

いつも私のＹｏｕＴｕｂｅチャンネル『ＭＩＴＳＵＨＡＳＨＩＴＶ』をご視聴いただきありがとうございます。スタートして６年、日々のレッスン活動とリンクする形で発信を続け、動画の数も１５００本を超えました。ここまで続けて来られたのは熱心に視聴してくださるみなさまのおかげだと感謝しております。

発信した情報が膨大になっているため、

どこかで整理する必要があると感じておりましたが、今回、日本文芸社さんにその機会をいただくことができました。ゴルフスイングには原理原則があり、それを知っているかいないかでは上達に大きな差が出てきます。この本ではそのゴルフの真髄ともいうべき原理原則を細かいカテゴリーに分けて丁寧に説明していますので、よりゴルフの理解を深めていただければと思います。

三觜喜一

アマチュアが知らない
ゴルフの超基本

ゴルフ上達の3ステップ

STEP 1

スイングの原理原則を知る

スイングの本質は
振り子運動

道具を使うスポーツである以上、道具であるクラブがスイング中にどのように動くかを知り、どうしたらそのように動かせるのかを知ることが必要です。この知識なしに練習するのは地図を持たずに旅をするようなもので、ゴールに到達するのは難しくなります

ゴルフが本当に上手くなりたいと思ったら、次の3ステップが必要です。まずはスイングの原理原則を知ること。次に原理原則を知った上でそれぞれのパーツの目的を明確にしながら練習をすること。最後は動きを反復することで再現性を身に付けることで、これらのどれかが欠けてもプロのようなスイングには到達しません。最も大切なのは本質を理解し正しい練習を行うことで、間違った練習では絶対に上手くなれません。

STEP 2

動作の目的を知った上で練習する

アドレスにはアドレスの、切り返しには切り返しの目的があり、それらを知った上で練習することが上達の近道です。形を作ることに意味はなく、目的を達成することにフォーカスした結果として形が生まれることを理解しましょう

目的は地面に
強いエネルギーを
出力すること

地味な練習を
根気よく続ける

STEP 3

反復練習で再現性を身に付ける

左ハンドルのテイクバックや切り返しでの掌屈など、スイングには難しい動作がいくつかありますが、理解したからといってすぐにできるものではありません。動作は徹底的に反復することで身に付くものでありそこに近道はないと思ってください

STEP 1 スイングの原理原則を知る

クラブの回転と振り子運動を操るのがゴルフスイング

スイングのベースは振り子運動であり、 手元を引っ張ることで振り子運動を起こしたり加速したりするのがクラブ操作の基本となります。 実際にボールを打つときは支点が左に移動することでクラブヘッドが加速するので、 インパクトはハンドファーストの形になります

シャフトを軸旋回させると振り子の支点が左に移動

多くのアマチュアはスイング中にクラブが回転しているという事実を知らないがゆえに、クラブをボールにぶつけにいきます。ですからまずは実際にクラブを360度右回転させてみてください。そのときの手首の柔らかさや感じ取れる遠心力、そういったものをスイングにおいて再現することが本当の上達につながります。スイングのベースにあるのは振り子運動であり、全体的に見れば回転運動であることを忘れずに。

ボールに当たった後もクラブは回り続けようとする

スイングがわからなくなったらクラブを360度右回転させてみましょう。遠心力がかかっている高速回転の中でボールをとらえるという原理を理解すれば正しいスイングに近づけるはずです

STEP 2 動作の目的を知った上で練習する

スイングは「地面に強い力を出す」ことを目的とした動作の集合体だ！

スイングをアドレス、テイクバック、バックスイング、切り返し、ダウンスイング、インパクトとパーツごとに分けて考え練習することは必要ですが、それぞれで形を作りにいくことにまったく意味はありません。どれも目的は「地面のボールに対して最大の力を出力すること」であり、同じ目的のためにクラブと体をどう動かせばいいのかを追求するのがスイング作りです

インパクトの目的は
地面のボールに対して
最大の圧をかけること
どれも目的は同じ！

スイングの各パーツには目的があるので、その目的を果たすための動作として練習することが重要です。では目的とは何かというと「地面にあるボールに対して強い力を与える」ということであり、すべての動作はそのために行っているといえます。それぞれのパーツは分断されているのではなく、同じ目的のために動作が起こり、それらの動作はつながっていると考えれば一連の動作としてスイングを理解することができるでしょう。

テイクバックの目的は
地面のボールに対して
クラブを押し返すこと
アドレスの目的は
地面のボールに強い
力を出す体勢を作ること

STEP 3 反復練習で再現性を身に付ける

体の動きだけにフォーカスした日々の練習も必要です

左ハンドルのテイクバック

テイクバックの動作を左ハンドルのテイクバックと表現していますが、 そこには左脇腹を縮めて左サイドを低くする動作や左手を下げる動作などが含まれています

スイングの原理原則を理解し、動作の目的がわかった上で練習する習慣がついたら、あとは正しい動作を繰り返し反復するという作業になります。間違った動作を覚えてしまっている場合は悪い癖を修正することも必要なので、正しい動作を習得するのにはそれなりの努力と時間が求められます。しかしその先には間違いなく本当の上達が待っているので、この本をテキストに一歩一歩進んでいってもらえればと思います。

胸郭から動かして体をうねる

スイング中の「胸郭リード」といって胸郭から動作を起こし体をうねるよう使います。クラブの動かし方の練習とは別に、こうした体にフォーカスした動作の訓練も上達には必須です

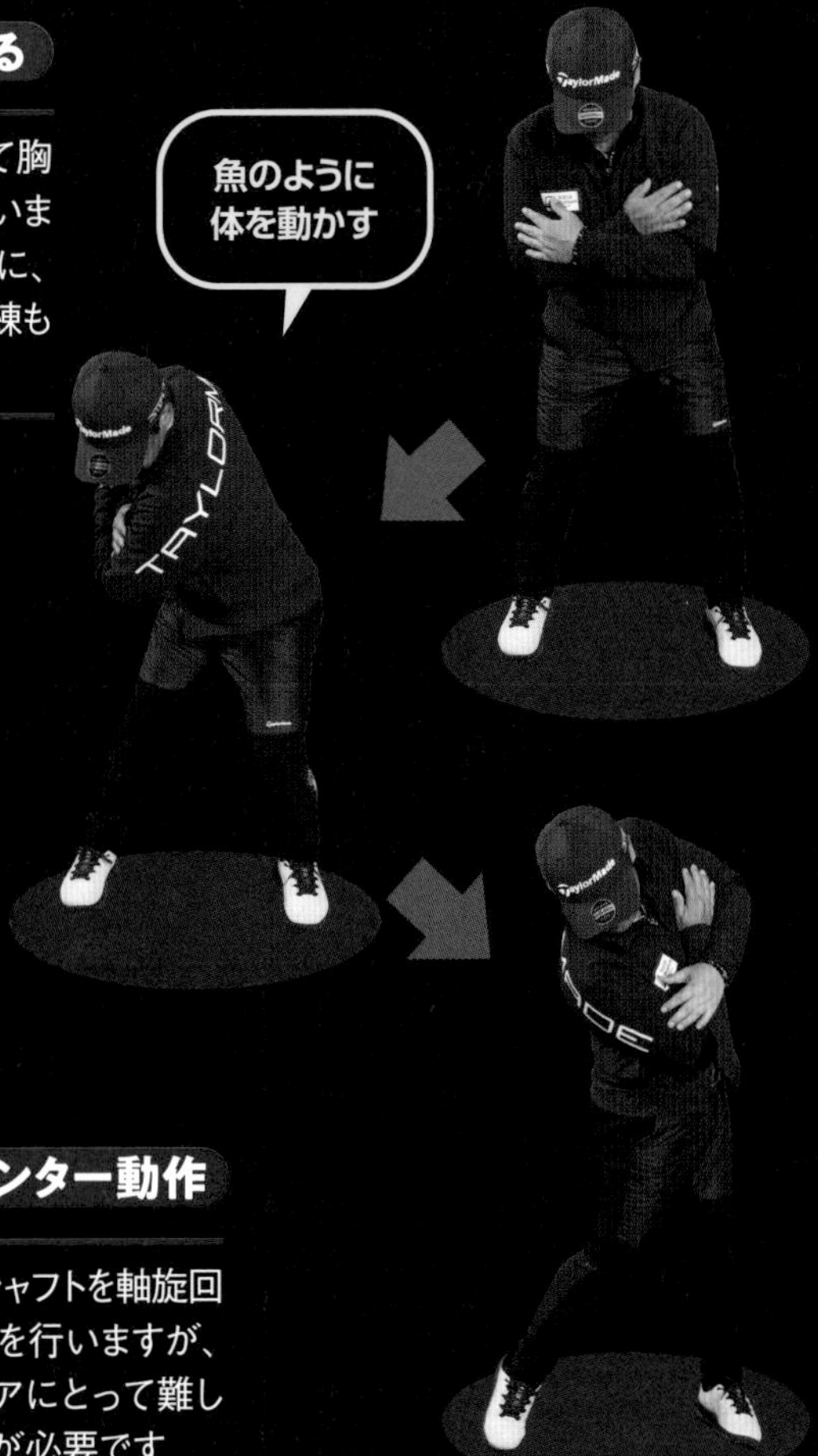

切り返しのカウンター動作

切り返しでは左手でシャフトを軸旋回させるスピネーションを行いますが、この動作はアマチュアにとって難しいので繰り返し練習が必要です

アマチュアが知らない
ゴルフの超基本

CONTENTS

Part 2 グリップの超基本

Part 3 テイクバックの超基本

CONTENTS

アマチュアが知らない
ゴルフの超基本

Part 6 インパクトの超基本

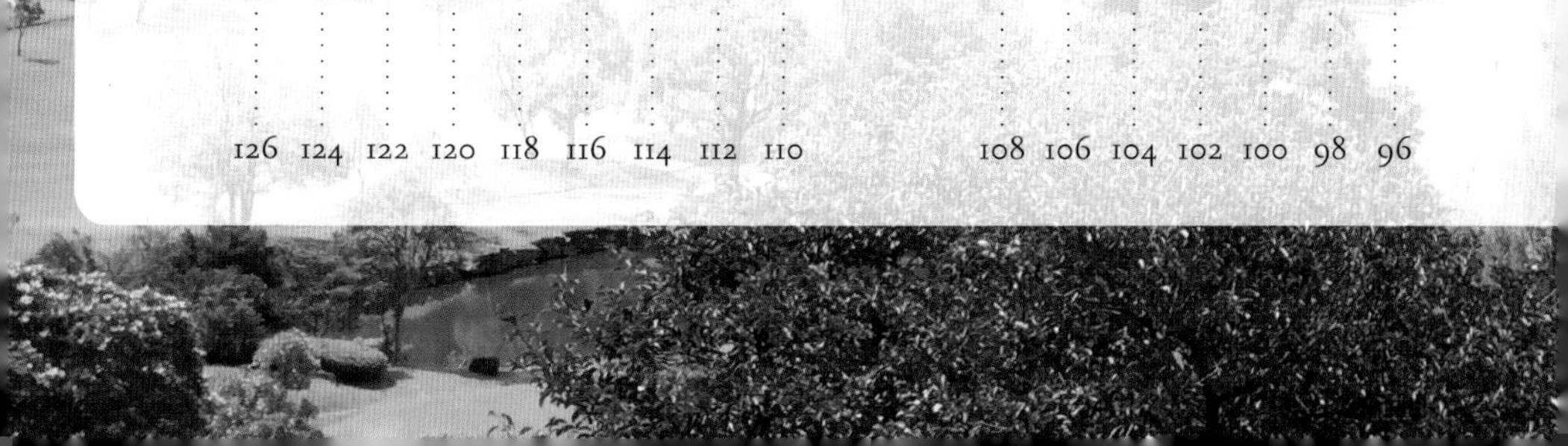

CONTENTS

アマチュアが知らない
ゴルフの超基本

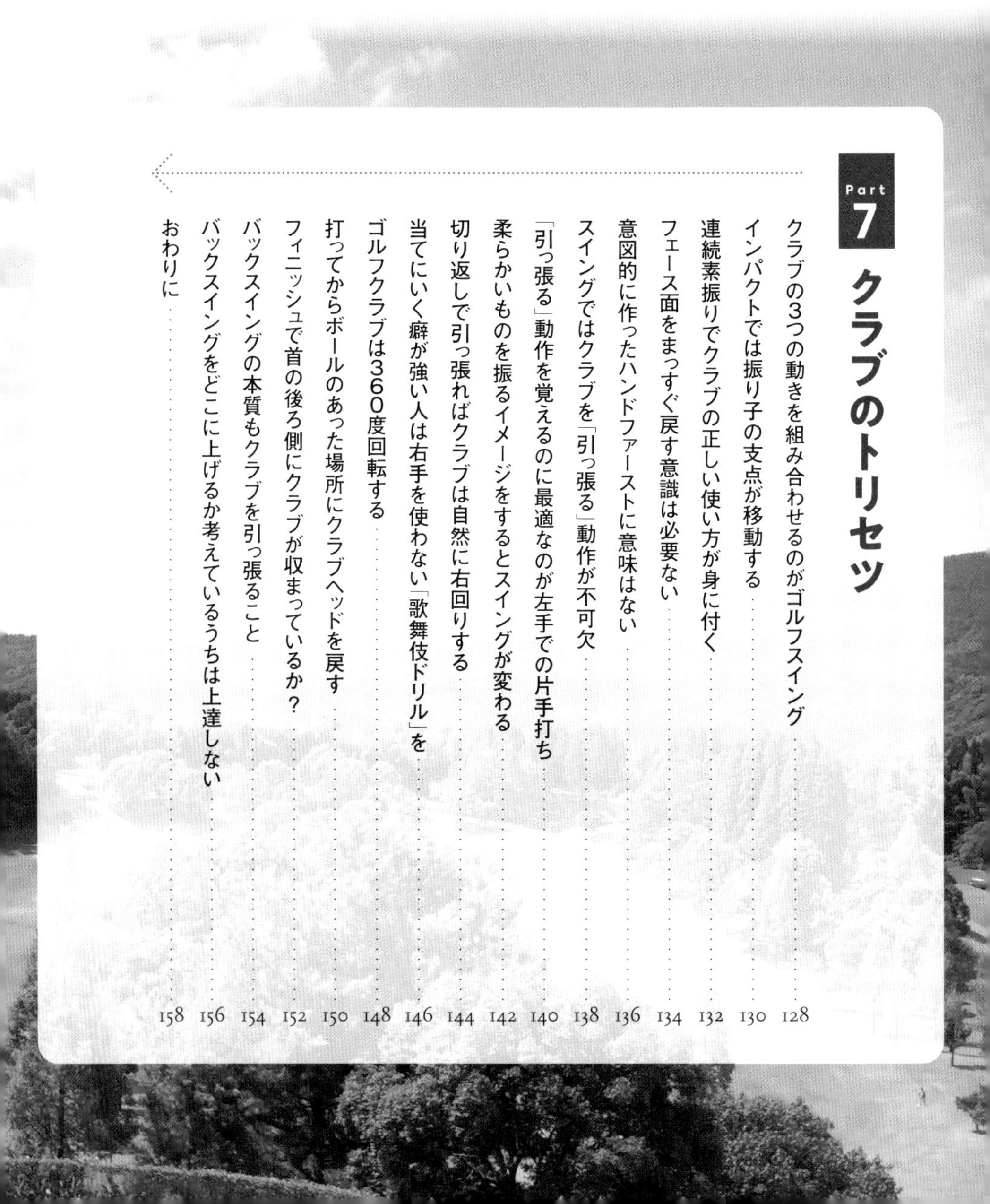

Part 7 クラブのトリセツ

Part 1

アドレスの超基本

お腹に力が入った状態で前傾姿勢を取ろう

1

構えが適正でもボールのポジションが悪くボールが散らばるアマチュアは多い。気持ち良く振った場所にボールがあることが大切

2

スタンスで重要なのが向きとつま先の開き具合。足のデザインを変えてコースの状況に対応しミスを防ぐことができる

アドレスのポイントは大きく分けて3つあります。1つめはボールを置くポジション、2つめはスタンス、それから前傾姿勢です。これらの中でアマチュアゴルファーが一番難しいと感じているのが「適正な前傾姿勢をどう取るか」という所だと思うので、そこから説明していきましょう。

プロとアマの大きな違いはお腹に力が入っているかどうかで、お腹にしっかり力を入れた状態で前傾姿勢を作ることがポイントになります。

プロとアマのアドレスの違いは腹圧がかかっているかどうか。一見適正な前傾姿勢が取れているように見えても、お腹の力が抜けていては意味がない

前傾姿勢を取る手順

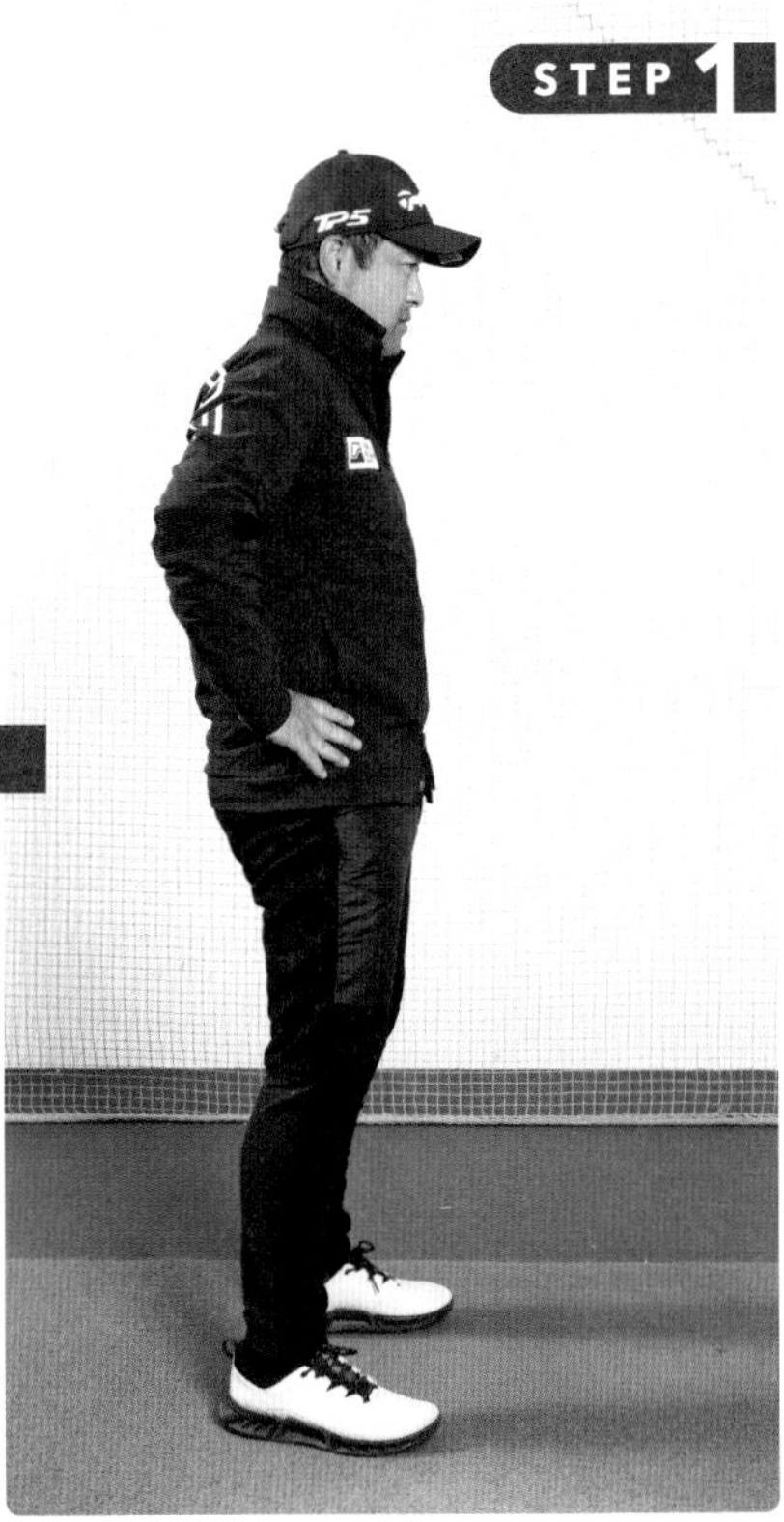

骨盤を両手で持ち前後に動かす

骨盤が前にきた瞬間にお尻の穴が締まる。その状態のままで「きをつけ」の姿勢を取る

まず骨盤を両手で持ち前後に動かしてみましょう。前に動かすと骨盤が開き、後ろに動かすと骨盤が締まります。このように前後に動かすとき、骨盤が前にきた瞬間にお尻の穴が締まります。このお尻をグッと締めた状態で前傾姿勢を取ろうとすると横隔膜の下あたり、丹田と呼ばれるおへそのやや下の部分から前傾をしている感覚になります。そうすると前傾をしながらお尻を締めただけで、つねにお腹に力が入るのがわかると思います。

この状態で前傾姿勢を取ろうとすると、へそのやや下の部分にある丹田あたりから前傾をしている感覚。そうすると前傾をしながらお尻を締めただけでお腹に力が入ります。これを「腹圧」といいます

お尻を締めた状態のまま足を肩幅に広げ、前傾姿勢を取る

股関節から前傾するのは間違い

ゴルフは前傾姿勢をできるだけキープして打たなければいけない

アマチュアの多くは骨盤を締めた状態で股関節から折っていますが、そうすると腹圧にまったく力が入りません。お腹というのは鳥のお腹のようにお腹側が前にふくらんできますが、PGAの選手は背中が丸まってかつお腹がへこんでいるようなインパクトの選手がほとんどです。なぜあのようなインパクトが作れるかというと、実は股関節から体を折ってないからです。彼らは腹圧をかけながら前傾し骨盤を開きお尻を締めているのです。

前方のどこか一点を見つめながら、そこに向かって前に倒れる

お尻の緊張感が少し抜ける位置まで体重をつま先にかける

そのまま骨盤後ろのベルト部分を自分でつかみ、後ろに引っ張った状態で軽くヒザを緩める

アドレスを見ただけでプロとアマの違いがわかるのはなぜ?

「地面にあるボールに対して強い力を出力する」という目的を理解していれば、それが可能な体勢を取りやすくなる。形だけ良くても上手く見えないゴルファーがいるのは目的がないせいだ

ゴルファーのレベルはアドレスを見れば一目瞭然で、アマチュアはアマチュアに見えますし、プロは打つ前から当たりそうな構えをしているものです。この差はどこからくるかというと、ボールにしっかり向かっているか、あるいはただ立っているだけなのかの違いです。地面のボールに対して、自分ができうる最大のパワーを与えることがアドレスの目的であり、その目的があれば自ずと適正な前傾角や重心位置は決まってきます。

椅子に座っている時間が長いデスクウォーカーには重心が後ろに乗っている人が多いが、突っ立っているとボールに力が向かうように見えないし、実際に向かわない。逆に前のめりになり過ぎても地面に強い力は出せない

腕のポジションが適正になると飛距離が飛躍的に伸びる

両手を前に出して太極拳のポーズを取る

半円を描くように腕を外旋させる

適正な前傾姿勢の取り方を覚えたら、次は腕を正しい位置に置くことを覚えましょう。これは私の所に来るプロたちでも理解できていないことが多いです。なので、そこを教えるだけで飛距離が飛躍的に伸びます。中でも顕著な例が木下康平選手。これを教えただけで飛距離が平均で30ヤードぐらい飛ぶようになったのです。それぐらい即効性のあるポイントなので、みなさんもぜひ覚えてください。

ヒジが下向いたところでヒジを下げるようにする

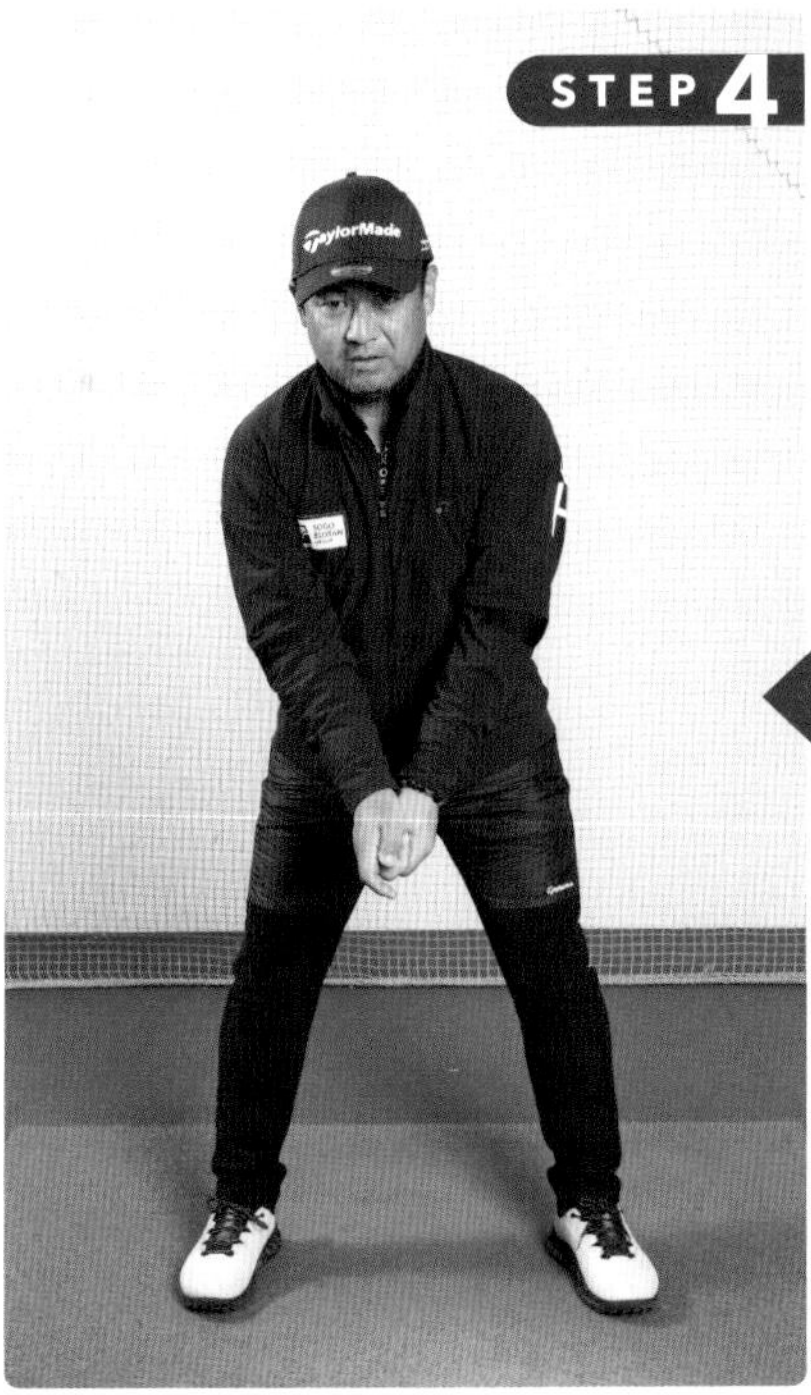

さらに両ヒジを頑張って1cm下げ、この状態でヒジ下を内旋させて握る形を作る

☑ クラブに力が伝わる腕のポジションとは肩甲骨周りの正しいポジション

肩甲骨が体幹としっかりジョイントされた状態を作る

肩甲骨が体幹としっかりジョイントされた状態を作る

クラブの挙動が安定する

クラブに発生する遠心力に負けない

クラブはもの凄いスピードで振れば振るほど、遠心力がどんどん発生してくるので、体から遠くへ遠くへ行こうとします。クラブが遠くへ行こうとしたときに正しいポジションに肩がないと、当然体から手が離れて行きます。離れて行けば行くほど、どこかで減速しながらボールに合わせなければならず、これでは飛ぶわけがありませんジョイントされているかどうかをチェックするには、アドレスした状態で誰かにクラブを引っ張ってもらうといいでしょう。肩甲骨が正しいポジションに入っていれば強く引っ張られても耐えることができます。そこが抜けていると引っ張りに耐えられなくなります。ここがわかっていないと、肩甲骨が入っていない状態で構えて打つのは脱臼したままゴルフしているようなもので、クラブを正しくコントロールすることはできません。

肩が抜けているとコントロール不能に

肩甲骨が入っていない状態で構えて打つと、振れば振るほどクラブが体から離れていき、クラブを正しくコントロールすることができない

肩が入っていれば遠心力に耐えられる

肩甲骨が体幹としっかりジョイントされた状態を作るとクラブの挙動が安定し、加速すればするほど発生する遠心力に負けなくなる

つま先の向きで体の動かし方が変わる

足の向きでスイング中の体のブレは防げる

バックスイングで
伸び上がりが激しい人

↓

右足を少し外側に向ける

スウェイが激しい人

↓

右足を少し内股にする

体の構造上、全員に共通していることがあります。人間は内股にすると伸び上がりたくなるし、ガニ股にすると下がりたくなります。これがスイングに影響していて、たとえばバックスイングが伸び上がりたくなる人もいれば、低く下がりたくなる人もいますが、その癖は足のポジションからきている場合が多いのです。ここを覚えるとコースに行ったときの打ちやすさが、かなり変わってきますのでぜひ覚えてください。

フォローで体が起き上がってしまう人

⇩

左足を少し外に向ける

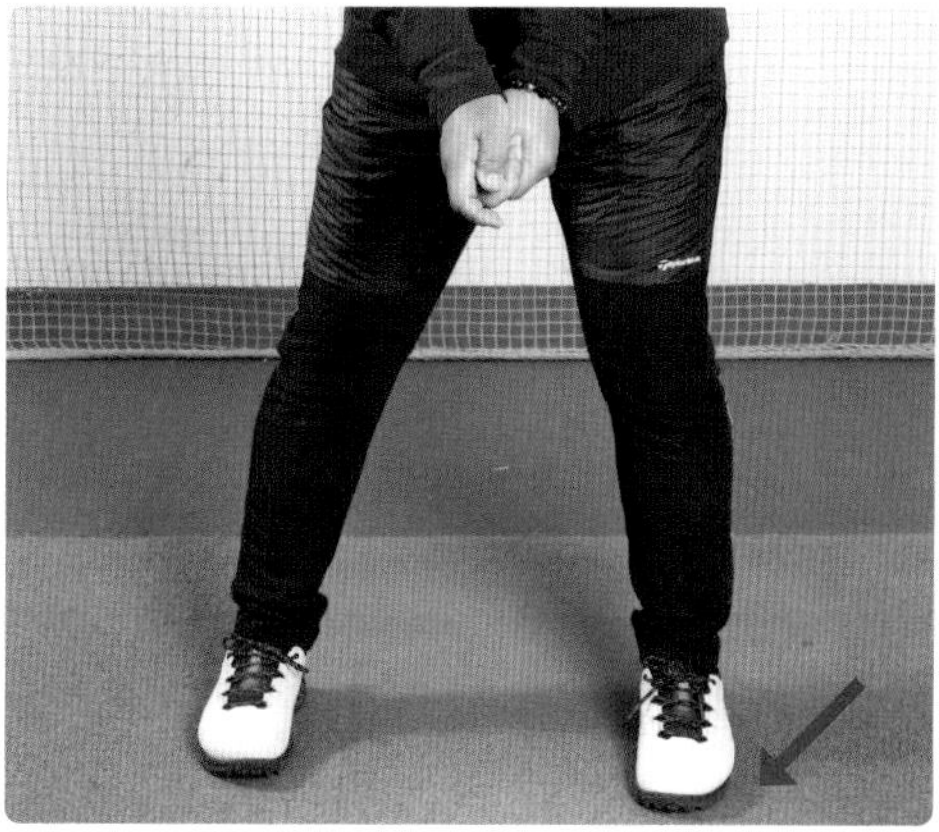

フォローで体が突っ込んでしまう人

⇩

左足を少し内股にする

状況に応じて足のデザインを変えるとミスショットが減らせる

左足下がり斜面

このケースでは自分の右側が高いので、高い位置から低い位置に振っていく必要がある。もしこの斜面で低い位置から高い位置に振ろうとしたら確実にダフるため、極力、体を上から下に使いたい。そのために右足をやや内股にして、左足をガニ股にするだけで上から下にクラブを振りやすくなる

ボールがラフで浮いている

感覚としては少し低い位置から高い位置に振っていきたいため、左足を少し内股にして右足は開く。これで低い位置から高い位置に振りやすくなり入射角はアッパー気味になるので上手くボールをとらえることができる

スイングのタイプや動きの癖によって足のデザインを変えたほうがいいという話をしましたが、プロはそのテクニックで状況に応じて足のデザインを変えていますし、同じスイングでも振りやすさが変わります。場面ごとに打ちたい入射角があると思いますが、打ち方ではなく、足のデザインを変えるほうがシンプルでミスになりません。実戦的なテクニックですので、足のデザインによる体とクラブの動きの変化を理解してください。

バンカー斜面に
ボールが突き刺さった

この場面では片足を外に出すことになるが、しゃくり上げたら絶対に出ない。地面に乗っている左足を内股にした瞬間に打ち込むことはほぼできなくなるため、ガニ股にしておくことでしっかりクラブをボールの下に入れることができる

バンカーでの目玉

この場面では上から下に打ち込んで行かなければならないので、左のつま先を開いて、右足をちょっと内股にする。これだけでダウンブローに打てる

体の重心がある場所に
ボールを置くのがセオリー

理想のボール位置

重力に対してまっすぐ構えるなら、自分の体の重心の位置にボールを置くのがセオリー。なぜなら、クラブを振ると軌道の最下点は体の重心の位置に来るから

ボールを置く位置に関しては幅があり過ぎてどれが正解というものはありません。打ちたいボール、そして状況によって正解は変わってきます。たとえば、コースにはいろんな斜面があり、体を斜面なりに構えたときのボール位置と重力に対してまっすぐ構えたときのボール位置は変わります。ポイントはクラブの芯に当てる場所にボールを置けるか。どのように構え、体の重心はどこに来るのかを考えた上でボール位置は決めてください。

斜面なりに構えると体の重心はまっすぐ立ったときよりも右に来る。この場合ならボールは右に置く。つまりボールを右に寄せれば平らな所とまったく同じ感覚で打つことができる

このように自分の体の重心がどこにあるかがポイントで、その重心の位置に近い所にボールを置くことができれば、ダフったりトップしたりというエラーをかなり防げるため、左足上がりはココ、左足下がりはココ、と決めてしまうと状況に対応できなくなるので要注意

COLUMN
1

アドレスの要点

▼

地面に対して強い力が出せる体勢が理想のアドレス

私は指導においてスタートポジションであるアドレスをとても重視しています。良いアドレスが取れれば良いボールが打てますし、コースにおけるさまざまな状況へもアドレスで対応できるからです。ではいったいどのようなアドレスが理想かというと、形よりもボールに対してどれだけ強い力、圧力をかけられるかが重要になってきます。たとえば地面にパンチしようとしたらどんな体勢になりますか？　このとき自分にとって最も力が出せる体勢、これなら強いパンチが繰り出せると思える姿勢が理想のアドレスになります。そう考えれば体が起き上がっていたり、前のめりになり過ぎるのはダメだとわかるでしょうし、力を出そうとすると自然に下半身で地面をつかみ、腹筋に力を入れるはずです。つまり目的を明確にすれば動作は自ずと決まってくるということで、ゴルフスイングの習得においては非常に大事な要素になります。

SPECIAL MOVIE

Part

2

グリップの超基本

グリップを見ればゴルファーのレベルは一目瞭然

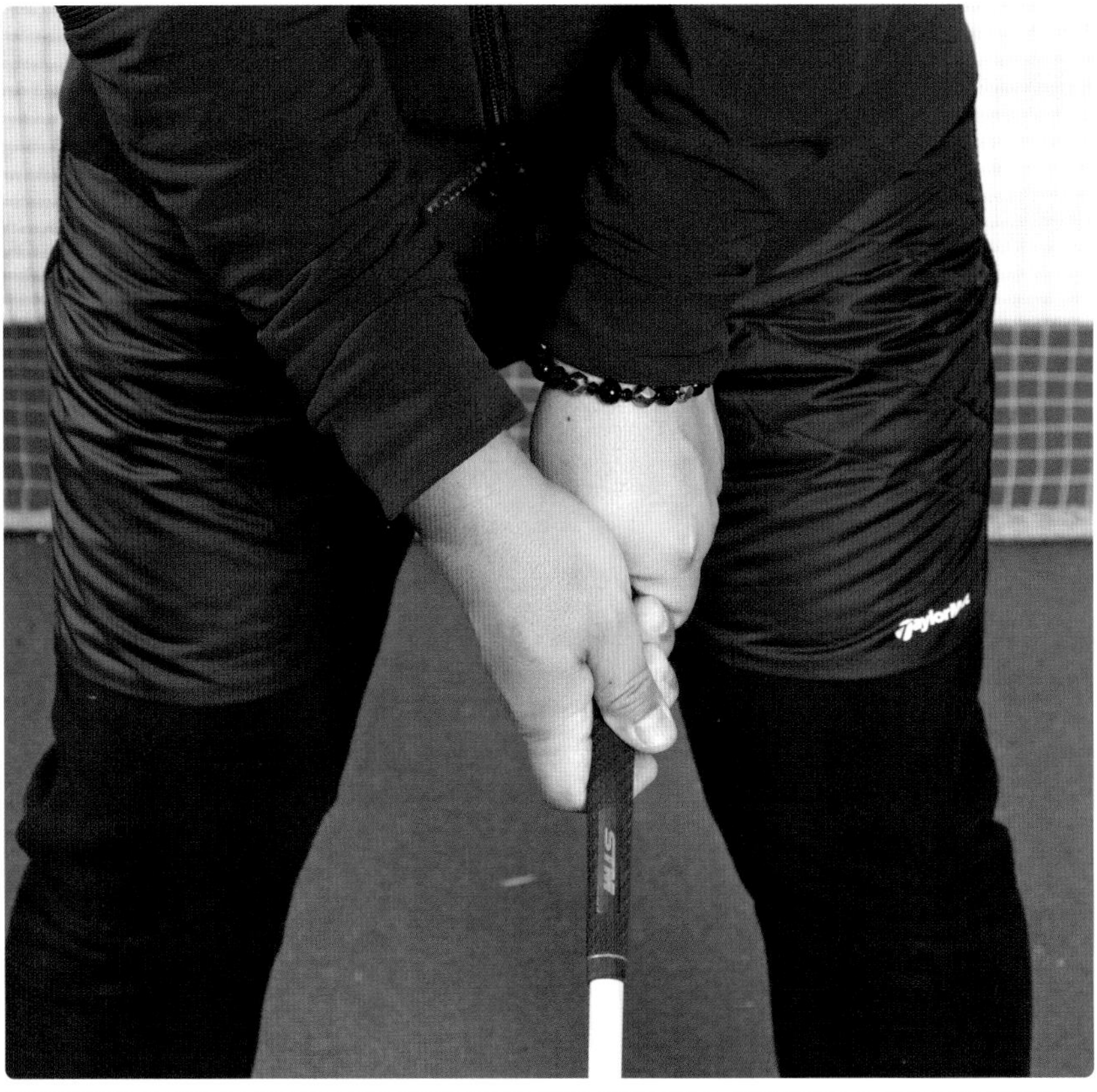

長年、 多くのプレーヤーを見てきたが、 グリップでそのプレーヤーのレベルがわかるといっても過言ではない

ゴルフスイングにおいて一番大事な部分となるのがやはりグリップです。クラブと体をつなぐ唯一の接点となるグリップが適正なのかどうかが、パフォーマンスに大きく影響してくるのは間違いありません。

クラブの握り方に関しては、とりあえず握って、その握り方でボールを上手く打つという考え方ではなく、「目的を明確にしたうえで握る」ということをしっかり理解していただきたいと思います。

アマ
AMATURE

グリップを決める

↓

目的を明確にする

プロ
PROFESSIONAL

目的を明確にする

↓

グリップを決める

「その握り方をしているうちは絶対に上手くなることはない」と感じられるグリップもあるため、その場合にはゼロから作っていくことが必要

左手のグリップは「引く」

Point 綱引きをイメージしてみよう

どの向きで握ると最も強く引っ張れるのかには個人差があって、ある程度上から握ったほうが強く引っ張れる人もいれば、下から持ったほうが強く引っ張れる人もいるのです。綱引きのときに左手がどういう向きで綱を引っ張ろうとしているのかを考えてみてください。自分にとって最も強く引っ張れる向きがあなたに合うグリップの形なのです左手のグリップには大きく2つの役割があります。まず1つ目。ゴルフクラブを振る場合に重要になるのが、グリップエンドをしっかりと引っ張ってくることです。先端（クラブヘッド）を動かそうとすると、振り子の支点がずれてボールに正しくコンタクトできないので、グリップをしっかり引くということが目的となります。

つまり左手グリップの役割は、クラブをしっかりと引けるように握っているかがポイントです。

スイングの本質がクラブを引っ張ってクラブヘッドを加速することなので、グリップの役割も当然、「引っ張りやすい」「強く引ける」ということが重要な要素になる。目的が明確になれば自ずと形は決まってくるはずだ

軸旋回がしやすいように握る

親指を下に向け手首側に山なりの角度が付くとシャフトをスムーズに回転させやすくなるが、 多くのアマチュアは左手の親指が横もしくは上向きでクラブを握ってしまうので、 手元とクラブに角度が付き過ぎてしまいシャフトを軸旋回させることが難しくなる

左手グリップの役割2つ目。前項でクラブを引っ張ることをお伝えしましたが、スイング中の手は開きやすいクラブフェースを閉じる方向に動かすという作業も行っています。ただ引っ張るだけだと偏重心構造のゴルフクラブはフェースが開く方向に動いてしまうので、シャフトの軸線上に回転動作を入れる必要があります。正確なインパクトを迎えるために「引っ張る」プラス「軸旋回がしやすい」握り方が大切になります。

ポイントとなるのが親指の向き。親指の向きがしっかりと地面を向いているかどうかが重要になってきます

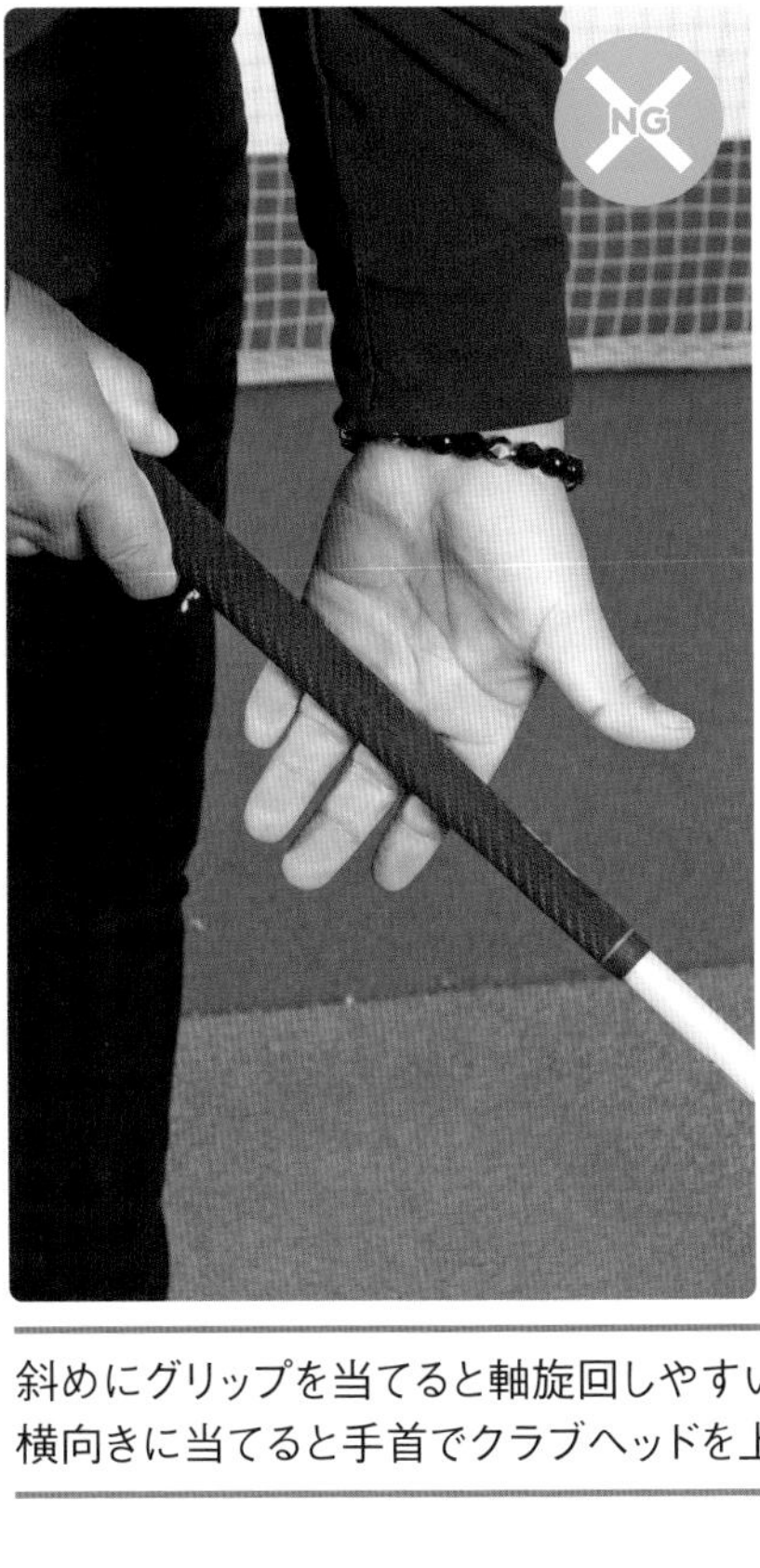

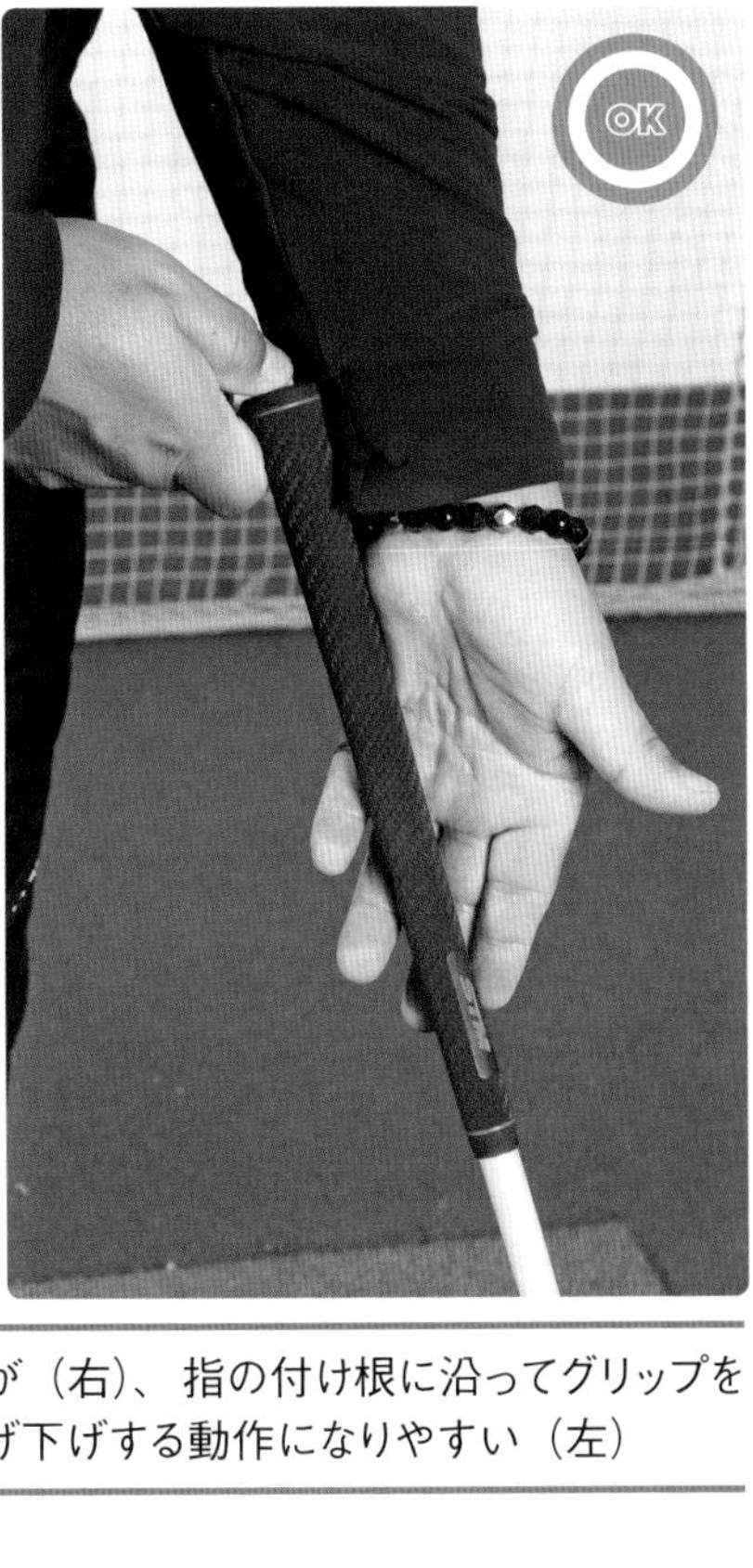

斜めにグリップを当てると軸旋回しやすいが（右）、指の付け根に沿ってグリップを横向きに当てると手首でクラブヘッドを上げ下げする動作になりやすい（左）

自分に合うグリップの見つけ方

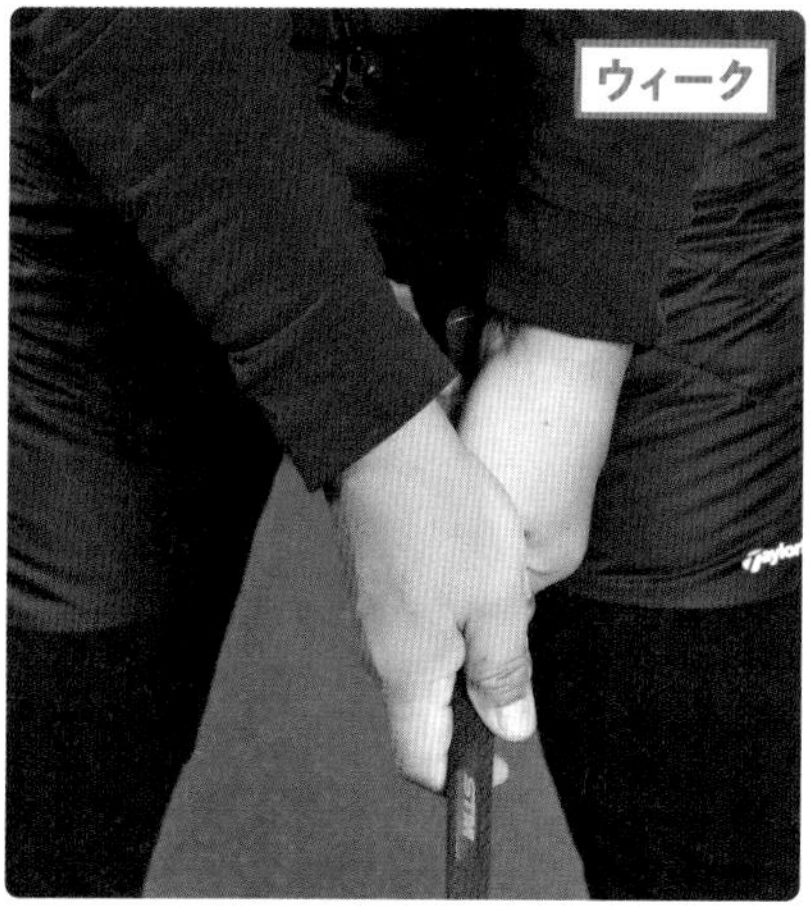

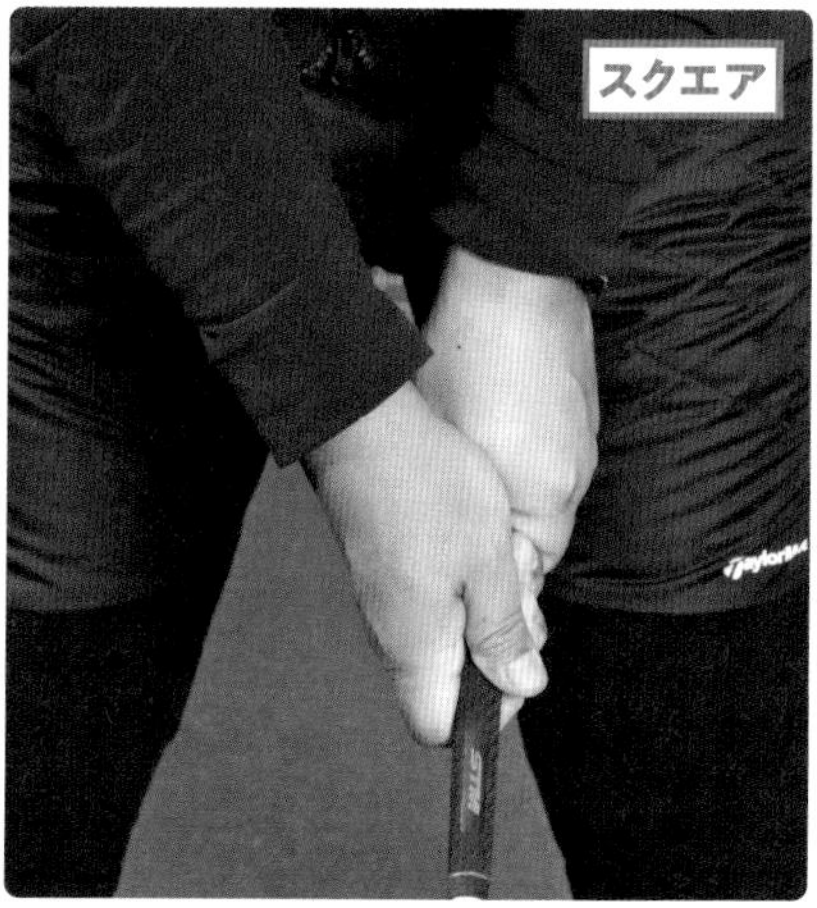

現代ゴルフだとストロンググリップは真上から見たときに握り拳が3つ見えるぐらい。スクェアは中指と薬指の握り拳が2つ見えるぐらい。ウィークは握り拳が1つ見えるぐらい

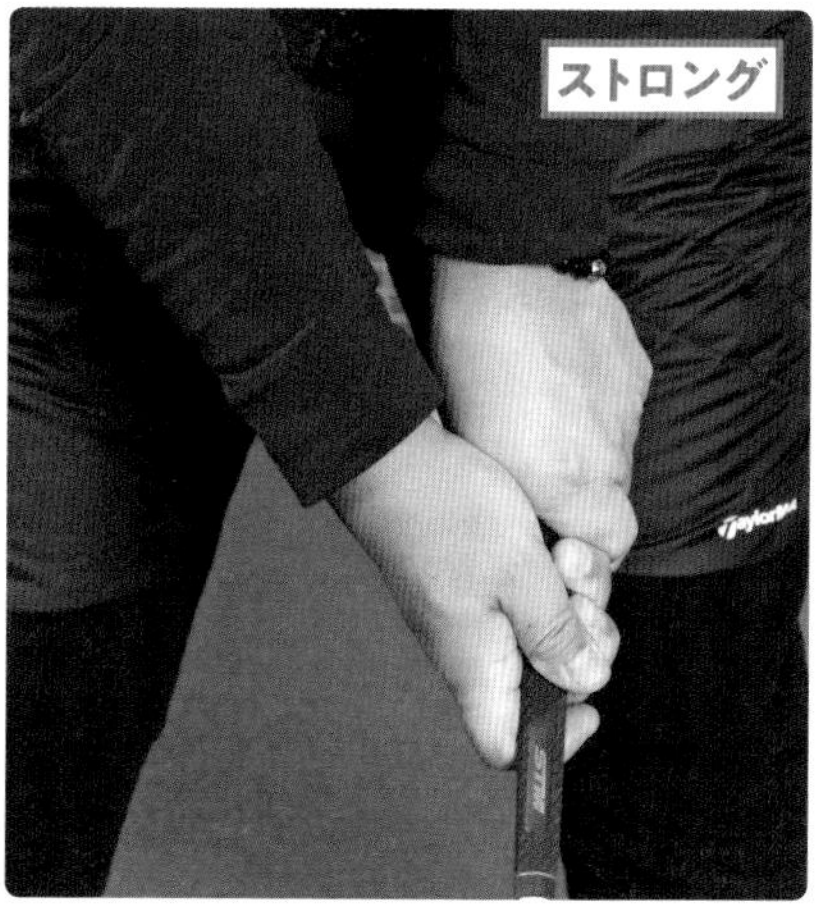

グリップの握り方に関しては、ストロンググリップで握る人もいればウィークグリップで握る人もいるのが現実です。ウィークグリップの場合は手のひらでクラブを感じることになりますし、ストロンググリップの場合は指先でクラブを感じることになります。どちらがいいかということではありませんが、ゴルフクラブを正しく扱うための目的をしっかり理解して、自分に合ったグリップ、最適のグリップを見つけていただければと思います。

最も強く引っ張れる向きがあなたに合うグリップの形

上から握ったほうが強く引っ張れる人もいれば、下から持ったほうが強く引っ張れる人もいます

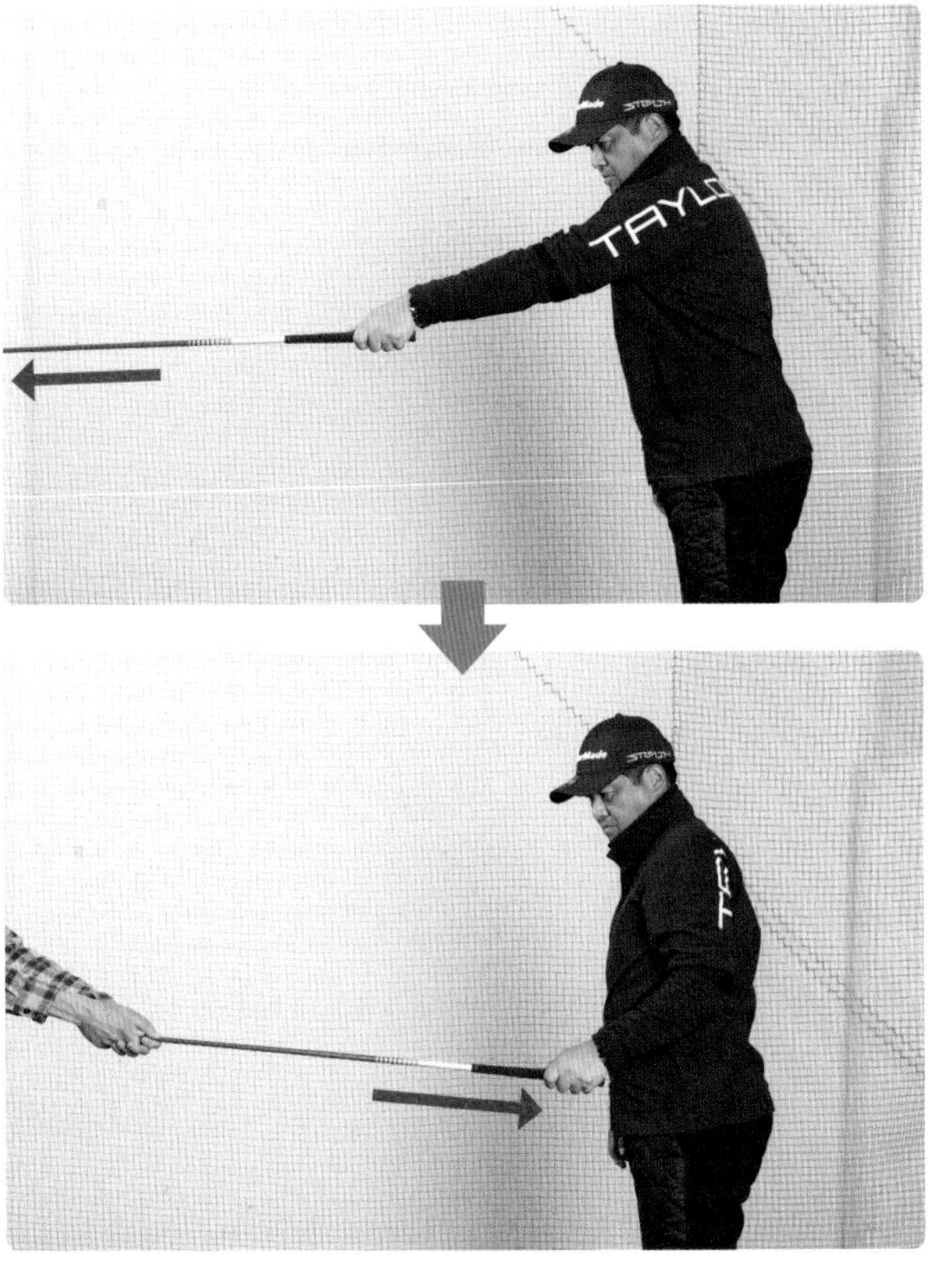

誰かにクラブを持ってもらい、いろんな向きでクラブを引っ張ってもらう。その中で最も力強く引っ張れるグリップがあなたに合うグリップ！

親指を下に向けるとシャフトを軸旋回させやすくなる

プロ
PROFESSIONAL
Point
親指が
下を向いていると
軸旋回がスムーズ
TaylorMade

多くのアマチュアは左手の親指が若干、前もしくは上向きでクラブを握ってしまうので、手元とクラブに角度が付き過ぎてしまいます。そうすると手首でクラブヘッドを上げ下げする動作になりやすくシャフトを軸旋回させることが難しくなってしまいます。これを防ぐには親指を下に向けることです。どんな握り方であれ手首側に山なりの角度が付くことによって、シャフトをスムーズに回転させやすくなります。

アマ
AMATURE
Point
親指が
上を向いていると
手首を使いやすい
TaylorMade

右手グリップの目的は「クラブを引き上げる」「強く叩く」

右手の役割というのはクラブをしっかりと下に開放することになりますので、右手のグリップに関しては必ず指先でひっかけてください。ゴルフスイングでは「ひっかかる」という表現が随所に出てきますので、指先でクラブをひっかけるという感覚を覚えることが必須になります

右手のグリップは目的が2つ。「バックスイングのときにクラブを引き上げる」「最終的にボールを強く叩く」です。右手はクラブを開放するためのリリース動作がしやすいことが大切で、それはボールを投げるときの握り方と共通しています。

手のひらでボールを持つと遠くへ投げることが難しくなるのと同様なので、ゴルフのグリップも指先で握ることがゴルフクラブを正しく加速させると共にクラブを落下させやすくなります。

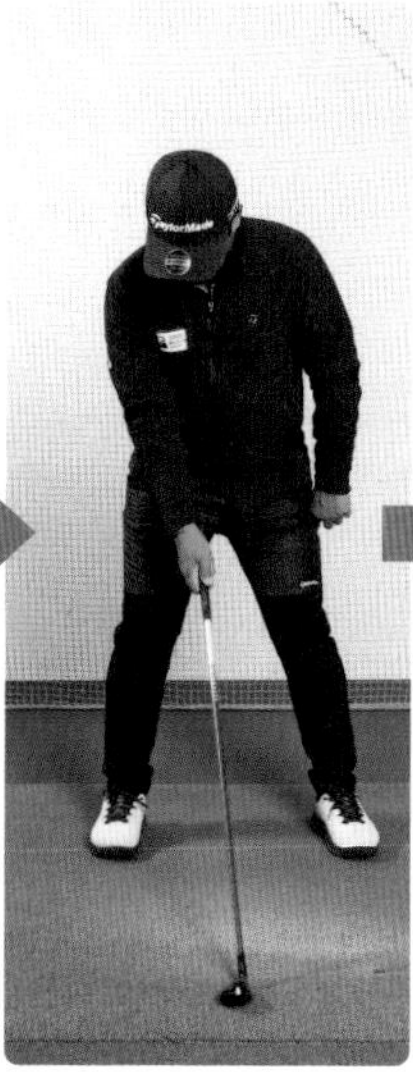

Point 指で握るから加速する

手のひらでボールを持ってしまうとボールを遠くへ投げることが難しくなるように、ゴルフのグリップでもクラブを指で持ちます。アマチュアは右手で強く握ってしまいますが、それではクラブは加速しませんし軌道も乱れてしまいます。指先で握ることがゴルフクラブを正しく加速させると共にクラブを落下させやすくなることを理解しましょう

Part 2 グリップの超基本

クラブが指に
ひっかかる感覚を覚えよう

この「ひっかかり」が重要

クラブがひっかかる感覚を覚えるには右手1本でクラブを振るといいでしょう。バックスイングをしたときに人差し指にしっかりとひっかかっている状態をチェックしてください。手のひらで持つとクラブは安定せずグラグラしますが、人差し指にひっかかっているとしっかりと収まるポジションに上がることが理解できると思います。

両手で握る場合は左右の手に隙間を作らないこと。一体感がなくなりノーカンの原因になります。

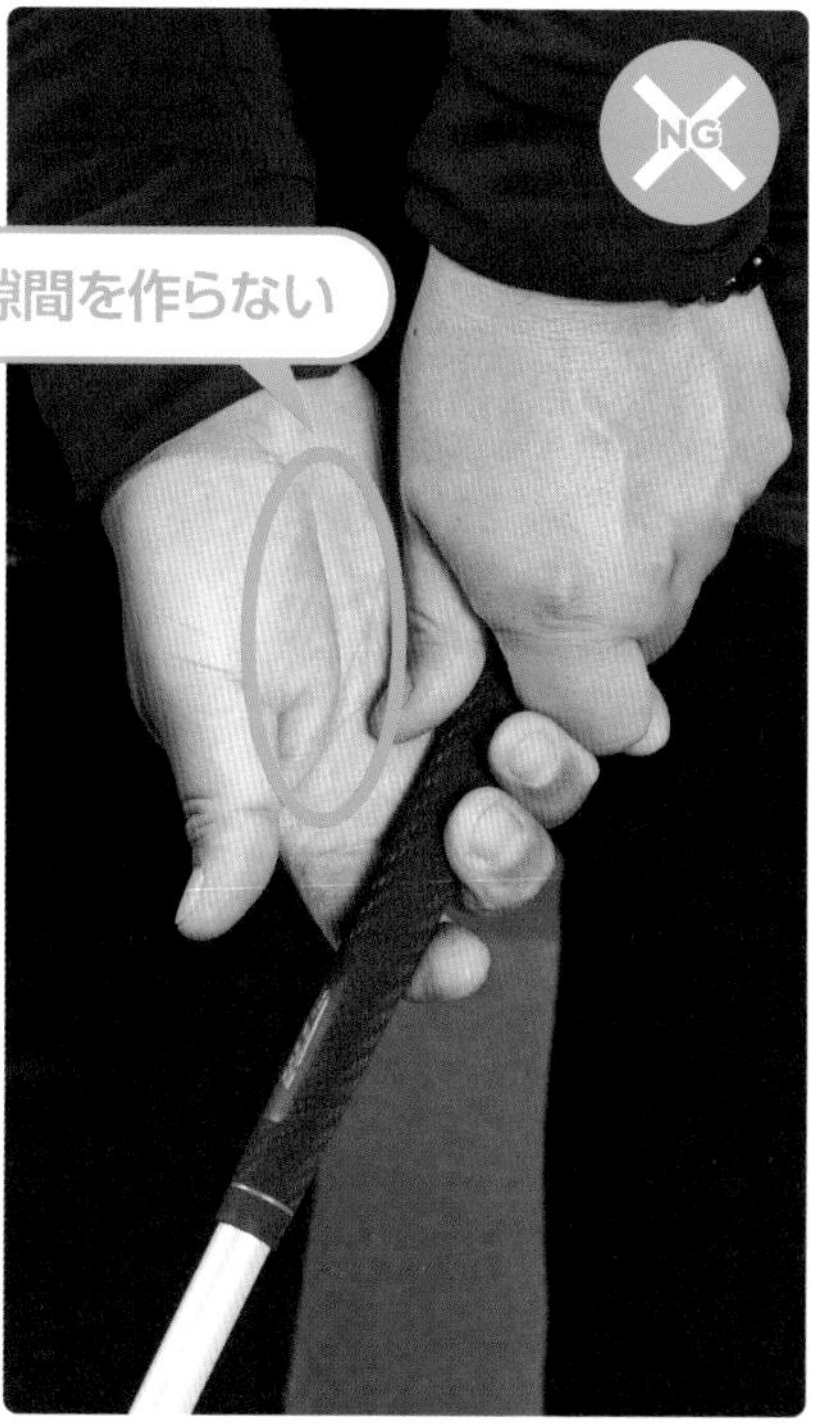

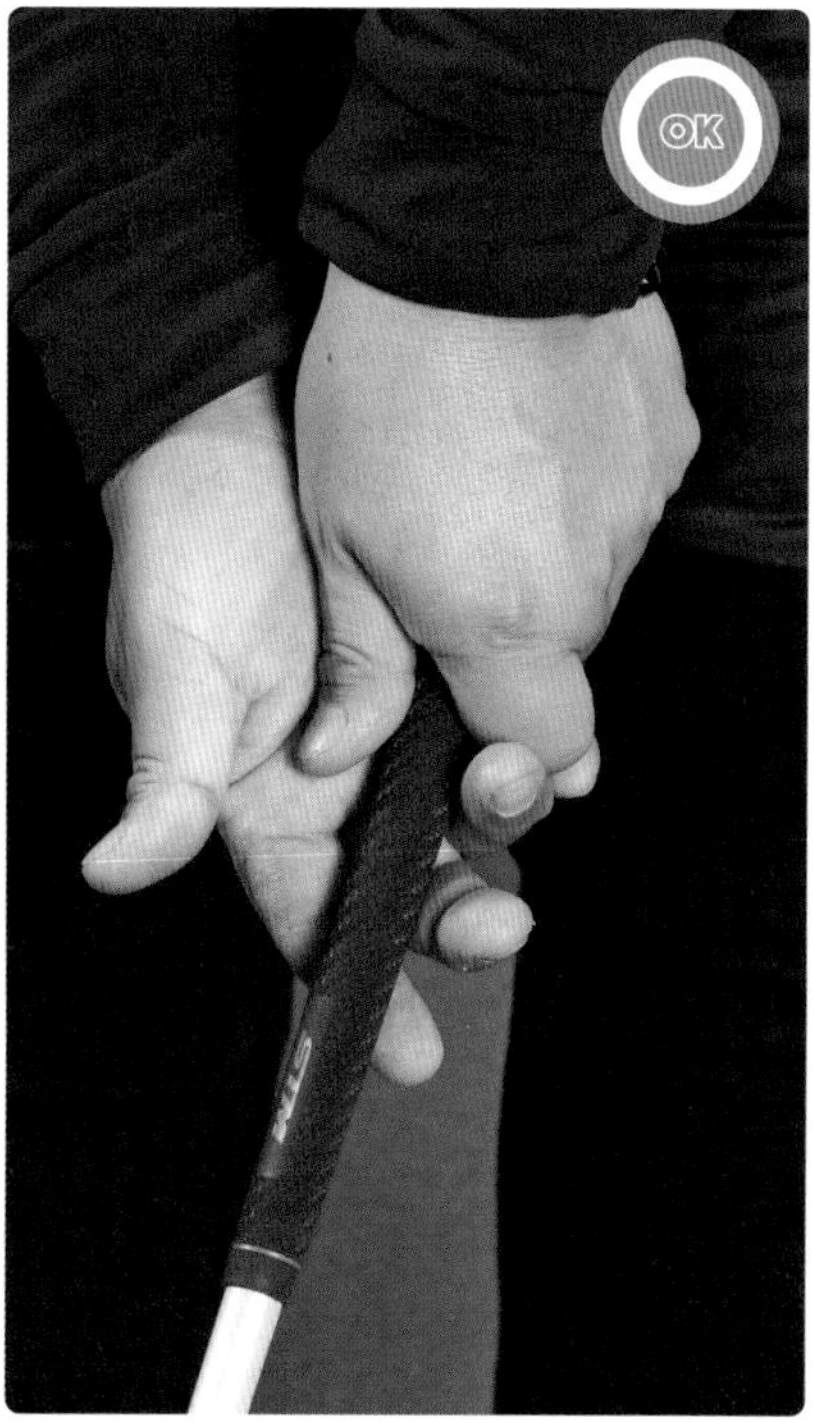

このとき両手の一体感がもの凄く大事で、 左手親指の反りと右手の親指の付け根のふくらみが密着しているかどうか確認してください。 左の親指をしっかり下げて、 右手を密着させてください。 右手は自分側に引くように握ることになり、 突き出すような左手と拮抗関係が生まれます

左右の手の拮抗関係を作る

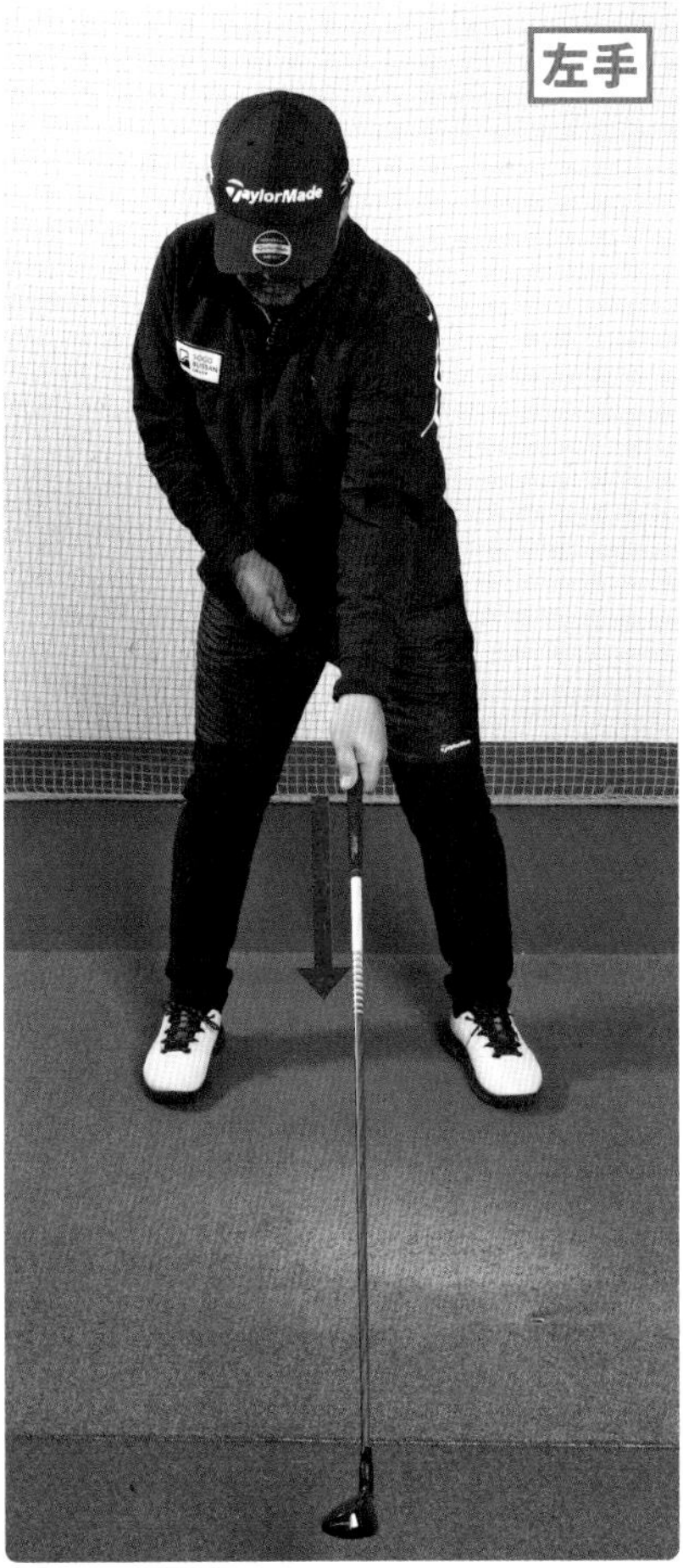

バックスイングの最中に左手が離れたら、右手で自分側に引く形になります。逆に右手が離れたら地面側に突き出すような圧がかかります。これを手の中に微妙に感じ取れるとバランスの取れたバックスイングがしやすく、クラブが扱いやすくなります。右手の役割はあくまでも指先でひっかけることですが、引きやすい方向に圧をかけながらグリップすると両手が密着する形になり、左右の手が拮抗する関係性が生まれます。

左手

左手グリップの役割は「クラブを引っ張ること」と「軸旋回させること」。そのためにはしっかりと引っ張れる形で握ることと親指を下に向けておくことが重要。自分と反対側に押す力をかけておこう

右手

右手グリップの役割は「クラブを引き上げること」と「地面方向にリリースすること」。指先でクラブを握り、クラブを引っかけながら下ろせる形を意識しよう。自分側に引っ張る力をかけておくのもポイント

親指と人差し指で作られる V字を締めてY字にする

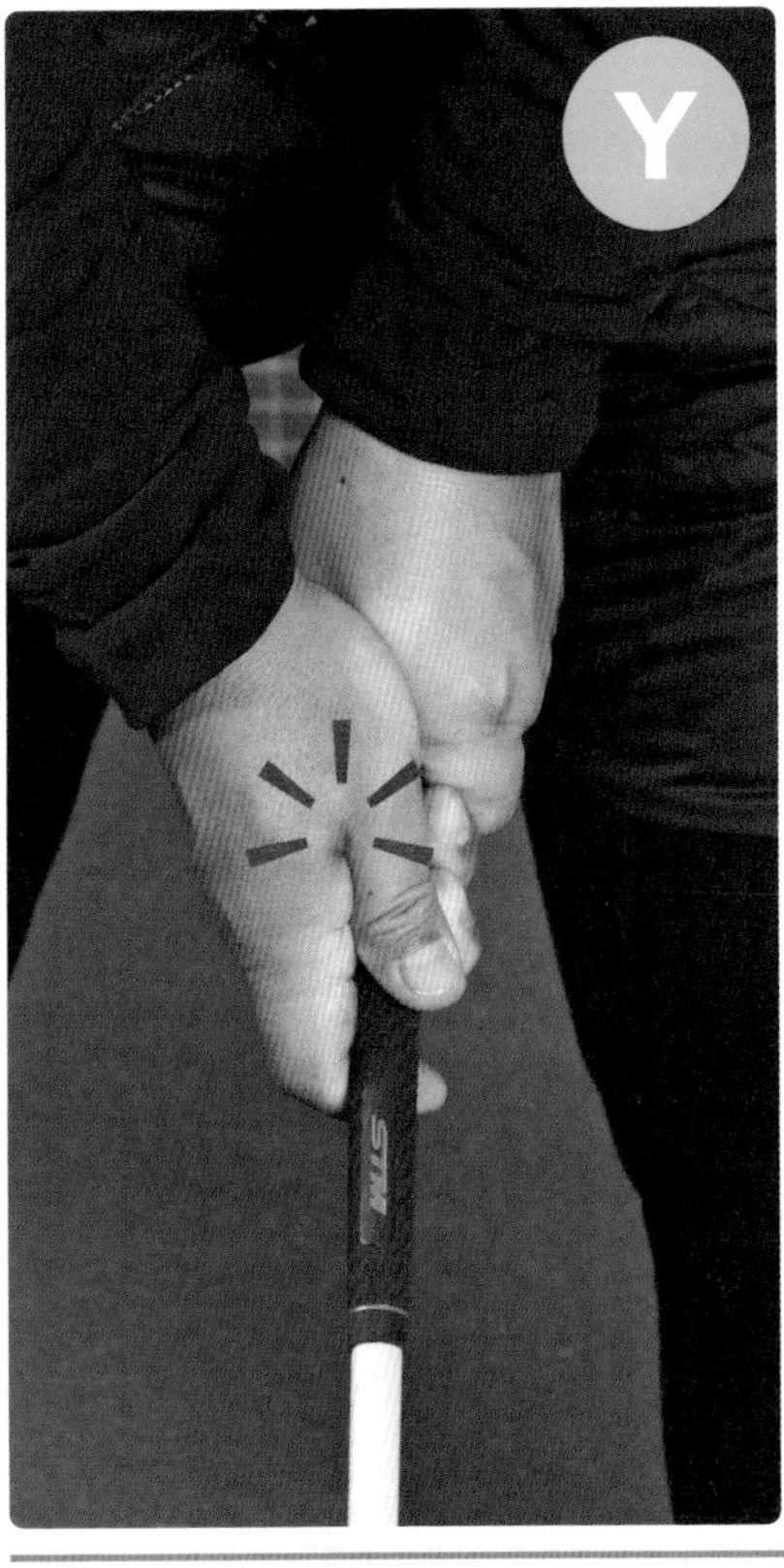

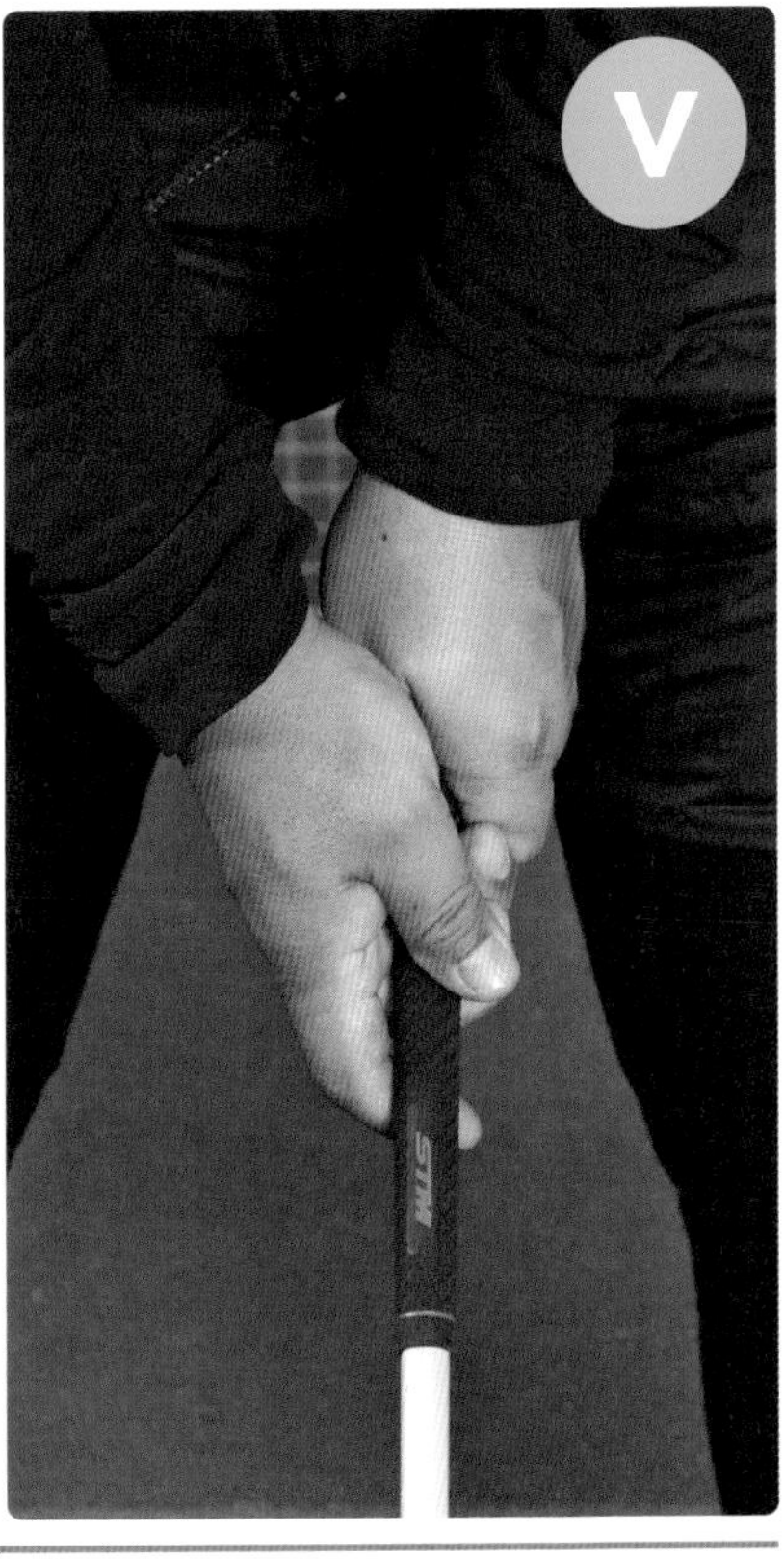

指先が開いている人はウィークグリップが多く、手のひら側でクラブを握っているので開いていても意外と軸旋回をしやすいです。逆にストロンググリップでV字が開いている場合はすくい打つような動きになりますからこのV字は締めましょう

グリップでもう1つ大事なことは、親指と人差し指で作られるV字です。ここを締めてY字型にすることが重要です。

また指先を開いた状態で、ヒジ下を回転させようとするとヒジも一緒に動いてしまいますが、締まっているとヒジ下だけが早く動かせます。

このヒジ下旋回というのが重要で、ヒジ下をスムーズに旋回させるためにも左右の手でY字を作ることが大事になってきます。

人間の体の構造上、親指と人差し指のV字が締まっているとヒジ下を回しやすくなりますし、離れているヒジがグラグラして安定しません。V字をしっかり密着させることでクラブヘッドを加速させやすくなりますので、V字を締めてY字にしておくのはクラブを高速で回転する場合の重要なポイントです

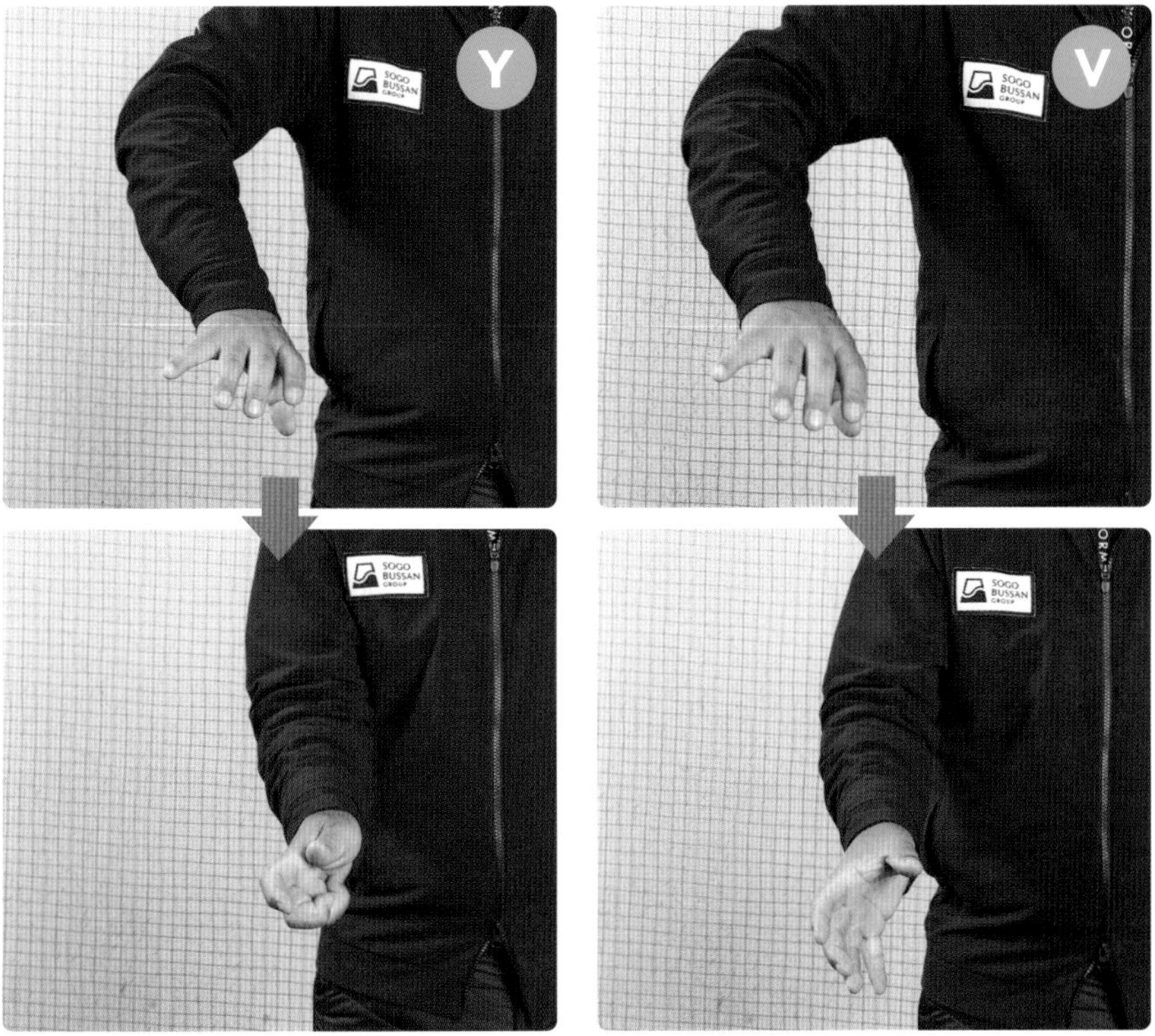

COLUMN
2

グリップの要点

▼

どうすればクラブを最も強く引っ張れるかにこだわる

ゴルフクラブとクラブをつなぐ唯一の接点であるグリップが重要なのは言うまでもありません。握り方ひとつでクラブの動きが変わってしまうので、間違ったグリップは絶対に避けたいところです。と言ってもここでも考えるべきなのは形ではなく目的です。ではグリップの目的とは何でしょうか？　答えを言ってしまうと「ゴルフクラブという棒状のものを強く引っ張る」ということになります。どのように握れば最も強く引っ張ることができるのか、バックスイングにおいても、ダウンスイングにおいてもクラブを引っ張ることで先端にある物体を高速で動かすことがゴルフスイングの本質になりますが、それがやりやすいということがグリップの目的であり、多少の個人差が許される部分なのです。物体を自分のほうに引っ張るとき、どうすれば最も力が入るのか、そこにこだわってグリップを作るとボールに対して強くエネルギーを出せるようになりますので、ぜひ自分のグリップを見つけてください。

SPECIAL MOVIE

Part 3

テイクバックの超基本

テイクバックはクラブを引っ張り上げるためのきっかけ

静

クラブが軽いと手で持ち上げてしまうが、重たいものとイメージすると体を使ってテイクバックするようになる。クラブより手元が先行するのが左ハンドルのテイクバックだ

テイクバックはクラブを最初に引く動きで、クラブが止まっている状態（静）から動いている状態（動）に移る重要な場面です。この静から動への動きを非常に難しく感じる人が多いので、スムーズな動かし方を知っておくことが必要です。
　プロの始動例としては、少しワッグルをしてから始動する、手を意図的に少し前に出す（フォワードプレス）などです。目的はクラブを引っ張り上げることで、手でクラブを上げることはしません。

動

きっかけ

プロはワッグルしたりフォワードプレスするなどテイクバックのきっかけを必ず作っているもの。骨盤を左に回すなどぱっと見ではわからない動作も多い

Part 3 テイクバックの超基本

アマチュアのテイクバックが失敗する理由

アマチュアはテイクバックでクラブを上げようとしますが、これが間違いのもと。アドレスからトップの位置まで手元は上がっていき、それに伴ってクラブは下がっていきます。なおかつ右側に回転運動が入るのでクラブは下降しながら内側に入ってきます。自分では持ち上げているつもりでも、手だけが上がりクラブは下がって後ろに動いてきてしまうわけです。つまり自然に任せると正しいバックスイングにならないということです。

左ハンドルのテイクバック

自然に任せるとテイクバックでクラブヘッドは下がりながらインサイドに入ります。これは悪くないのですが、プロはそれを相殺するトルクを与えることで完璧なバックスイングを作り上げています。私はその動作を「左ハンドル」と呼んでいますが、本質はクラブヘッドの先行を抑えることで、クラブヘッドの落下を相殺しています。ポイントはゴルフクラブに対して左にも右にも余分な回転を与えないということです

Point

左ハンドルをすることを目的にバックスイングをしてしまうと過度なシャットフェースになってしまうので、あくまでも「何もしない場合のクラブの動きを相殺する」という意味で左ハンドルを入れてください

左ハンドルを入れたとき見た目ではフェースが下を向いていますが、実際にはスクェアな状態です。前傾姿勢を取っているので凄く下を向いているように感じますが、それがクラブに余分な捻れを与えていない状態です

プロゴルファーはテイクバックで体を左側に下げる

テイクバックをするときに特に重要になるのが左の足圧です。アマチュアはテイクバックの初期で右側に体重が移動していたり、体が上に伸び上がったりしますが、プロは左足で地面に圧力をかけながらテイクバックをします。左肩を下げることによって左脇腹が縮まり、ここが縮まるほど左の足に圧力がかかります。この動作によって手元が下がってきて、クラブが「てこの原理」で上がってくるので適正なテイクバックができるのです。

左肩を下げながら左足に圧力をかけることは慣れない感覚かもしれませんが、この動作を入れることによって、クラブの自然な動きを相殺する動作がしやすくなります

テイクバックの手順

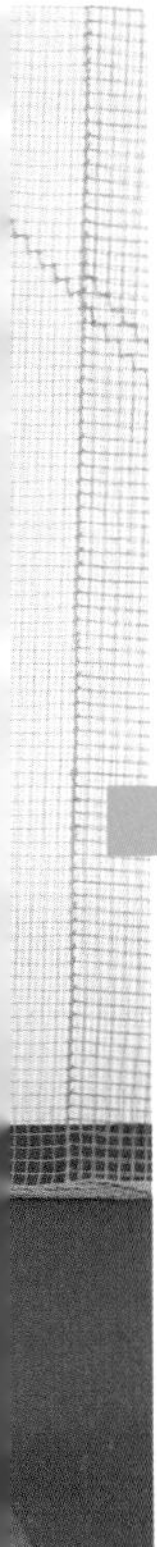

最終的に右足のカカト方向に体がシフトしてくると正しいテイクバックが完成

左肩を下げたままで体の捻転がないと軸が左に倒れるリバースピボットになる

テイクバックの初期では左足をしっかりと踏みながら左肩を下げていくことです。この動作は車のハンドルを左に切るときと似ているので「左ハンドルのテイクバック」と呼んでいますが、始動した後はしっかりと体を捻っていきましょう。上体が飛球線後方を向き、右足のカカトに体重がかかってくればOKです。左サイドを下げたままで体の捻転がないとリバースピボットになってしまうので注意しましょう。

左肩をしっかりと下げ、下げたときにしっかりと左足で地面を踏む

左足を踏みながら体を捻じる

テイクバックでのクラブ重心管理

テイクバックが適正かどうかチェックする方法

クラブがある程度上がったらグリップの力を抜いてクラブを地面に落としましょう。 テイクバックが適正な場合、 手を離したらその場でクラブは下に落ちます

「クラブの重心を管理する」ということはなかなかわからないと思いますが、重心があるところでクラブを持つと理解へとつながります。重心位置で持ってバックスイングをすると重心を管理することができます。重心を外してバックスイングする人はまずいません。要は重心を持てば、どの位置が最も自分にとってスムーズに上がるかがわかると思うので、その延長線上にクラブがくれば、ほぼテイクバックは完成といっていいでしょう。

インサイドに上がりフェースが開いている場合にはクラブは自分に近い場所に落ちます

余分な捻りを与えてシャットフェースになっているとクラブは前側に落ちます

COLUMN 3

テイクバックの要点

クラブが行きたがる場所にテイクバックしよう

テイクバックはアドレスからの初期動作なので、その後の動作に影響を与えるという意味で重要です。アドレスから単に動き出すというだけでは手だけでクラブを上げることにつながり、ボールに対して強いエネルギーを与えることはできません。ここはやはり下半身をしっかり使って始動したいところですが、具体的にどうすればいいかというと、左足で地面を踏み込みながら素早くクラブを引っ張り上げるということが大切になります。ここは難しい動作になりますが、どうしてもイメージがわかないという場合は、いったん目標方向にクラブを放り出し、そこから勢いよくクラブを引いてみてください。そうすれば自然にテイクバックできますし、そのまま形を考えることなくバックスイングにつなげることができます。このときのポイントは「クラブが行きたがるように始動する」ということで、それがつかめるまで繰り返し練習してください。

SPECIAL MOVIE

Part 4

バックスイングの超基本

クラブを軽く感じることがバックスイングのすべて

ウィークグリップで握っている人の左手首は平らなので、バックスイングが上がってくるとクラブは軽く感じます。ストロンググリップで握っている人は手首が折れているので、それを平らにしようと思った時点でクラブの重心が外れ重たく感じるのです

テイクバックでクラブが静から動へ運動を始めた後、適正な重心管理が行われてくるとクラブが軽く感じるポジションに入りますが、このポジションにいかにクラブを持ってこられるかがバックスイングのすべてです。

クラブを軽く感じるポジションにこないのはいわゆる「順トルク」といわれる縦方向の純粋なトルクがずれていることが原因です。これがなぜずれてしまうかというとトップへ行く過程でのグリップに関係してきます。

クラブが上がっていくプレーンと重心の位置が一致していると重さを感じません。グリップの形にかかわらずクラブが軽く感じるポジションが存在するので、そこにクラブを持っていけるように練習しましょう。それができればバックスイングは完成です

テイクバックはすぐに力が出せる位置に上げる

テイクバックは形を考えるのではなく、「クラブを始動させて受け止める」と考えると上手くいくし、右手の移動距離は最短で良いことが理解できるはずだ

テイクバックもプロとアマで大きく違う部分ですが、ここでもやはり目的が大事です。強いボクサーがちょっと拳を引いただけで強いパンチを繰り出せるように、クラブを引いた直後から地面に対して強い力を出せるようなテイクバックである必要があります。そのためには左手でクラブを引っ張った直後に右手で受け止めるようなイメージが大切です。そこから地面に対して押し返せることを意識しながらテイクバックを練習しましょう。

一見良さそうなテイクバックも、右手が地面に対して力を出せる位置にないと意味がない

いきなりクラブを持ち上げてもそこから力は入れられないので地面に対して強いエネルギーを出せない

バックスイングのチェック法

☑ 左腕が水平のポジションまで上がったときクラブの重さを感じなければ適正なバックスイングができている証拠

☑ クラブの動きを目で追うのは絶対にNG。目をつぶっても重さを感じないポジションに持っていけるように訓練しましょう

適正なバックスイングは重さを感じない

クラブの重心を管理しながら正しくバックスイングが上がると、左腕が地面と平行になった時点でクラブの重さを感じなくなります。このように適正なバックスイングができているかをチェックするには目を閉じてやるといいでしょう。バックスイングはクラブの動きを目で追わず脳で感じることが重要です。クラブが前方に上がると左手に、後方に上がると右手に重さを感じるので、どちらにも感じないポジションにクラブを上げましょう。

クラブが背中側に上がった場合は右手に重さを感じますし、体の前方に上がった場合には左手に重さを感じるはずです。正しく重心管理できた場合は右手にも左手にも重さを感じないので、そのバックスイングが適正だとわかります。そのまま指の力を抜くとクラブが真下にすっと落ちますが、これも良いチェック法です

腕が伸び切っていると肩が入らない

Point

プロはヒジが曲がっているイメージでバックスイングを上げるが、見た目には左腕がまっすぐに見える

Point

左腕を突っ張っているとバックスイングしたときにクラブが軽くなる位置を感知できない

バックスイングで腕が上がっていかない人、上がっても内側に入ってしまう人は、リードアームの左腕をチェックしてください。左腕がピーンと伸びていると腕と体が分離するので肩が回らず腕が適正なポジションに到達できないのです。

　この場合はアドレスでヒジを少し曲げて余裕を持たせます。ヒジがたわんだ状態でバックスイングすると体と胸の旋回量が増え、体がリラックスするので、適正なバックスイングにつながります。

最悪のバックスイングは
腕で胸を締め付けること

Point

左脇を締めない、 左ヒジを伸ばさない、 そうすることで
体がしっかりと回転できて胸の中心にクラブがきます

もう1つアマチュアに多いエラーがバックスイングを上げるときに左腕で胸を締め付けることです。これは最もよくない動作で、その瞬間にスイングができなくなります。

クラブが軽くなるポジションに持っていくには左脇を締めずに開けておく必要があります。そうすればクラブを体の正面にキープでき、胸の中心にグリップがきます。左腕が地面と平行になったときに胸の中心にクラブがきていれば正しい重心管理ができています。

Point 左腕が胸にくっついている「潰れたトップ」にならないように。プロは体の正面にクラブをキープしている

カカトを1ミリ浮かすだけで下半身で粘れるようになる

バックスイングで右ヒザが伸び切ってしまうのもよくない動作です。股関節が入りませんしヒザに負担がかかってケガをする危険性もあります。

右ヒザを突っ張ってしまう人は実は右の足首が伸びているのですが、多くの人はそれに気付かずバックスイングで体が流れてしまいます。

右足首を意識して伸ばさないようにするとヒザも伸びず、股関節にしっかりと体が入ってくるのです。

それでも伸びてしまうという場合にはアドレスで右足カカトを1ミリ浮かしておくことです。 1ミリ浮かすだけで足首の角度が変わらなくなるので、 今までにないぐらいに体が捻れるのを感じ取れると思います

COLUMN 4

バックスイングの要点

バック「形作り」ではなく バック「スイング」をしましょう

私は「バックスイング」という言葉にフォーカスしていて、「スイング」と名が付いている以上、ある程度振るということが重要だと考えます。にもかかわらず多くのプレーヤーは形を意識するあまり、しっかりとスイングをしていないのが現実ですが、これではダウンスイングへと動きがつながらず、バックスイングが意味のないものになってしまいます。つながりを考えれば形を作りにいくのはもちろんNGですし、ゆっくり過ぎるバックスイングもその後の勢いがつかずスピードを出し切れなくなってしまいます。ですからみなさんにはぜひ、バックスイングにおいてもスイングをしてもらえるようお願いしたいと思います。そうすればダウンスイングからインパクト、それからフィニッシュまでの動作の流れが作れるので遠心力を切らすことなくスイングすることができます。

SPECIAL MOVIE

Part 5

切り返しの超基本

プロは切り返しでクラブにカウンターをかけている

ゴルフスイングおよびゴルフクラブの原理原則

ゴルフスイングにおいて重要なポイントといわれるのが切り返し部分です。ゴルフクラブというのは常に回転運転を行いながら、この回転運動の中でボールを自然にとらえてくる、というのがゴルフスイングおよびゴルフクラブの根本的な原理原則です。そして、より遠くへ飛ばすときには他の要素が含まれてきます。それが「カウンター」です。このカウンターが飛距離アップにつながるヘッドスピードの加速に重要な動きになります。

カウンターとは

バックスイングからダウンスイングに入ってくるときの切り返しの瞬間に「カウンターをかけなさい」と私は選手に言うのですが、ゴルフスイングにおいて飛球線方向とは逆方向への力の加わりがカウンターとなります

ターゲットと逆方向に
カウンターが入りクラブが倒れる

切り返し後に大切な「右手の人差し指へのひっかかり」

アマ
AMATURE
握ったまま
下ろすのはNG

プロ
PROFESSIONAL
指にひっかけ
ながら下ろす

良いスイングでは、飛球線後方にカウンターが入って、クラブが倒れ、そのまま右回りして下りてきます。クラブが右回転しながら指先にひっかかった状態でインパクトまでくるわけです。カウンターの動きを理解した後に大切になるのが、この「右手の人差し指にクラブがひっかかってくる」という感覚です。ここの動きや感覚はゴルフで一番難しいところでもあり、アマチュアの人がこの感覚をなかなか体感できないのも現実です。

切り返しからの正しいスイング

切り返した瞬間、クラブを左手で引っ張ってきたときに、重力でクラブは背中側に倒れ、右手側にひっかかってきます。そのままひっかかった状態で下りてくるのが正しい動きですが、アマチュアのほとんどの人がひっかかることすらなく、そのままボールに行ってしまいます

カウンター動作を覚えるアップターンドリル

クラブを正面にキープしたまま上体を右に向ける

カウンターを入れて切り返す

Point 左手の掌屈

背屈したまま下ろしてきてインパクト直前に掌屈しながら当てるベン・ホーガンのような選手も昔はいましたが、イマドキのゴルフクラブを扱う場合には、ある程度早い段階でカウンターが入って掌屈したほうがクラブがボールに対して間に合ってきます。振り遅れやすいアマチュアはなおさら、掌屈のタイミングを早くすることにメリットが出てくると言っていいでしょうチーム三觜の定番ドリルに「アップターンドリル」というものがありますが、このドリルは切り返しの動作を覚えるためのものです。切り返しからダウンスイングのときクラブが自然に倒れて右回りしながらボールにアタックすることを体感できます。ポイントとなるのが左の手首。最近はストロンググリップの選手が多いのですが、背屈したままバックスイングが上がってきても、切り返しでは掌屈方向に動くのがミソです。

アップターンドリル

体の正面でシャフトを立てる

切り返し直後に左手の3本指を握り込む

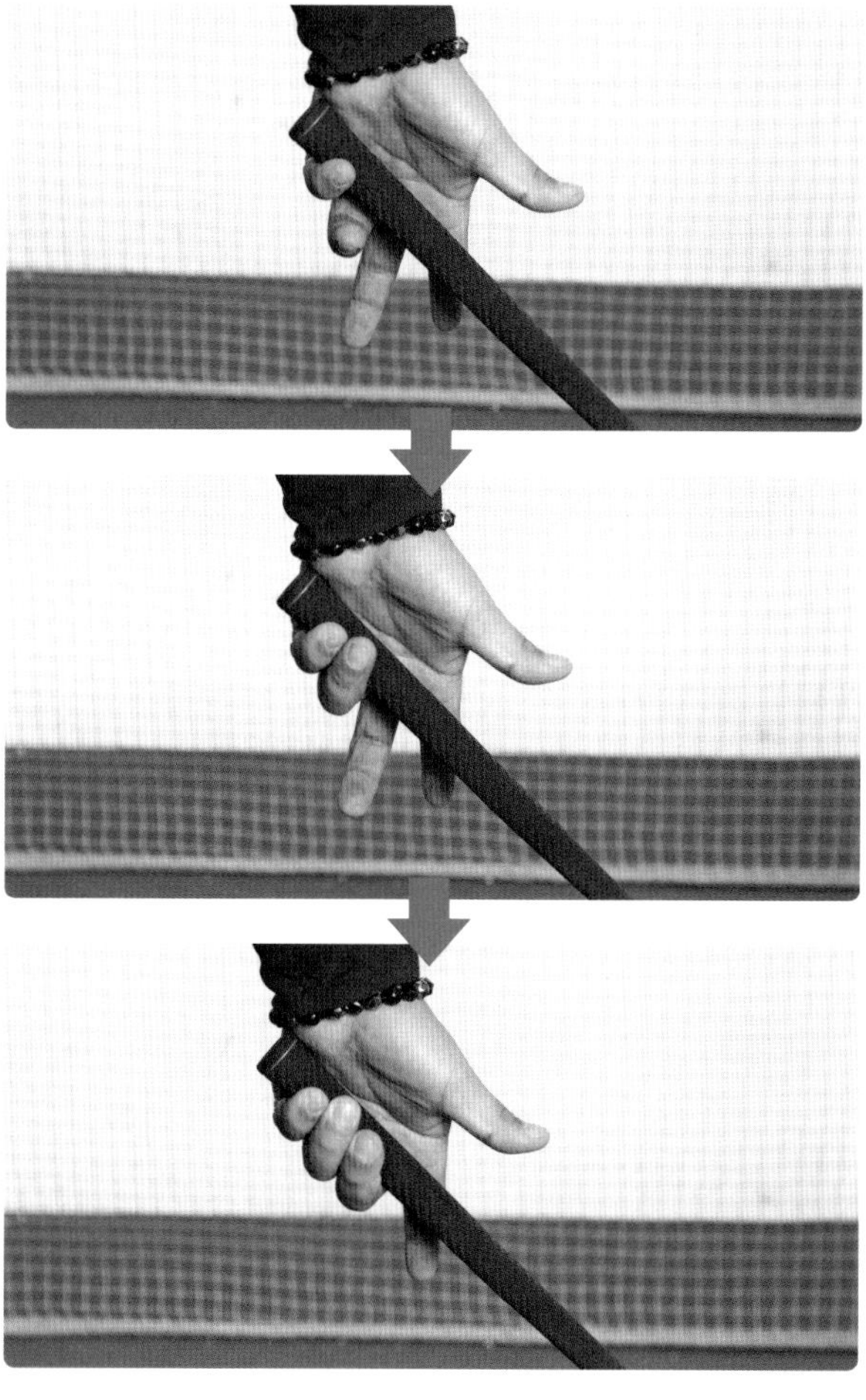

切り返しで小指のほうからグッと握り込むイメージが入ってくると、クラブにカウンターが入り、このカウンターを使ってシャフトの捻り戻しが入ってくることで、エネルギーが最大となるインパクトを作ることができます。ですからこの握り込みは必ず行ってください

カウンターを与えることは簡単ではありませんが、ここではそのポイントを説明します。ダウンスイングに入ってきたときに左手の小指から薬指、薬指から中指と握り込んでください。切り返し直後にこの3本の指を握り込むイメージがあると、右手の人差し指にクラブがひっかかり、しっかりとカウンターが効いてきます。これをやらずに下ろしてくるとクラブは振り遅れ、ヘッドが落ち、ダフりやしゃくりというエラーになります。

切り返しの動作を覚えるコツ

クラブが立った状態から手元を前に動かしてクラブを倒します。感覚としては手が真下ではなくて前方向に出てきます。手が前に出力するとクラブは後ろに倒れてくるので、そのときシャフトがしなってきます。この動きを上手く使ってインパクトまでくるのが一番効率がいい切り返しということを、まずは知識として知っておきましょう

Part 5　切り返しの超基本

飛距離はシャフトにどれぐらい負荷をかけられるかで決まる

ゴルフスイングにおいて飛距離を出す源というのはシャフトのしなりですが、このしなりを切り返し直後でどれだけ出せるかにかかってくるわけです。バックスイングの大きさとは関係なく、切り返しのカウンター動作でしなり量は変わってくるので、ジョン・ラームのようにコンパクトなトップからでも爆発的な飛距離が出せるのです。現在のクラブではなおさら、このカウンター動作が飛距離アップには重要となります。

Point　シャフトを立てる／手元を前に出す

シャフトに負荷をかけるためには、やはり「バックスイングで意図的にシャフトを立てる」「手元を前に出す」ことです。ストロンググリップの人は背屈している状態になりますが、そこから手を前に出してカウンターをかけてみてください。そうすると手元が前に出る動きにクラブがつられて後ろに倒れますので、この動きを手だけでなく体もしっかり使って行いましょう

飛ばそうと思って大きくふりかぶるのはあまり意味がありません。しなりをどう生み出すのかが飛距離に直結しますし、そのコツをつかめばコースでも上手にプレーできるのです

左手の掌屈で
シャフトをしならせる

切り返しで左手を握り込んで掌屈することでシャフトに負荷がかかり、 そのしなり戻りを使ってクラブヘッドをインパクトに持ってくるのが正しい加速の方法

「掌屈」という言葉がよく使われますが、この動作が必要なのは切り返し、もしくは切り返し以降においてです。トップからの切り返し直後に左手を掌屈させる動作を行ってください。左手が背屈から掌屈の状態にシフトすることでシャフトに負荷がかかり、そのままクラブがインパクトに入ってくる動きを理解すると、ボールに当てにいく動きやしゃくる動きなどがいかに難しく、かつ無駄だということがわかってくると思います。

プロ
PROFESSIONAL

掌屈するタイミングには個人差があってよい。コリン・モリカワのようにトップですでに掌屈している選手もいれば、切り返し直後に掌屈を入れてくる選手もいる。またダウンスイングの途中で掌屈を入れるのもOK。掌屈を入れることでシャフトが軸旋回し、インパクトがハンドファーストになると共に親指が下を向く形になる

体の重心管理で最高のパフォーマンスが得られる

切り返しのときにもう1つ大事なのが重心の管理です。バックスイングでは最初に右足の土踏まず、もしくは親指の母指球に体重が乗っていたものが徐々にカカトの方向にシフトし、ここから切り返しの一瞬で左足のつま先方向に踏み込んでいきます。このときに強く踏み込めば踏み込むほどカウンターが入り、カカトにしっかり体重がかかってくると、力強いインパクトが迎えられるので、この体重配分を理解してください。

最初は土踏まずから母指球と足の前側にかかっていた体重が、母指球から徐々に右足のカカトにシフトしていき、切り返しのときは一瞬、左足のつま先方向にかかります

バックスイング以降、胸はしっかり右に向け、手が体から遠い位置をキープ

シャフトに負荷がかかるメカニズムを理解しよう

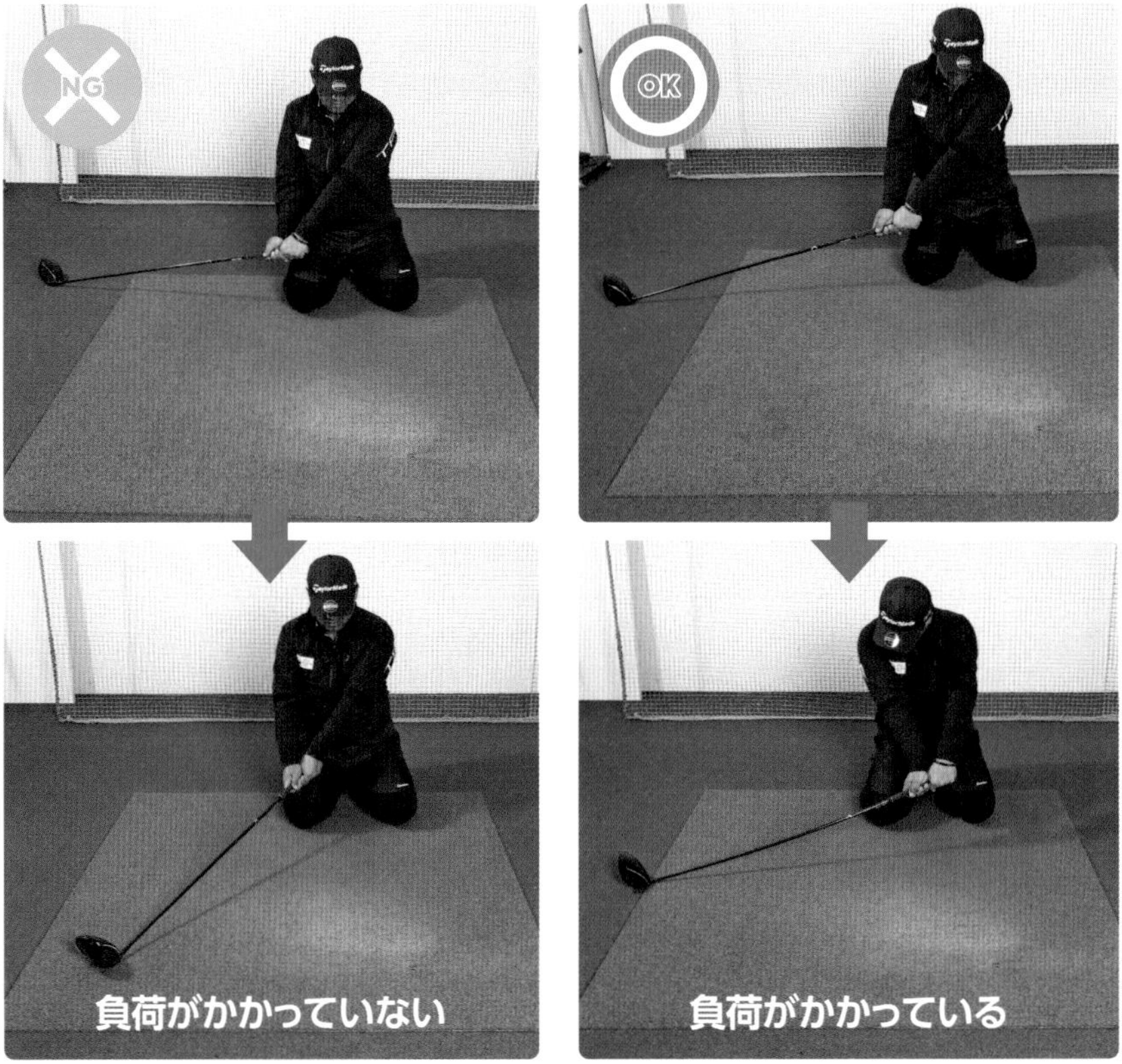

ただクラブを引いて戻すだけだとボールに強いエネルギーを与えることはできません。強くヒットするにはクラブを地面に押しつけながらバックスイングをして、圧をかけながら切り返すことが必要になってきます

シャフトのしならせ方がわからないという人のためにドリルを紹介します。地面に座った状態でクラブをボールにセットし、地面からクラブを離さないままバックスイングをしてボールを打ってください。空中でクラブを振っているだけだとシャフトに負荷がかかった状態を体感することができませんが、地面に対して圧をかけることで、地面からの抵抗感や負荷がかかったシャフトがしなり戻る感覚が理解できると思います。

圧をかけながら切り返すことで左手は掌屈方向に動きシャフトがたわみます。これがカウンター動作です。そしてそのたわんだシャフトが戻ることでクラブヘッドが加速し強いエネルギーが与えられるという仕組みです

Part 5 切り返しの超基本

左右の手の位置関係が逆転するのがカウンター動作

Point 左脇は開けておく

スイング中を通して左脇を締めておくと思っているアマチュアがほとんどかと思いますが、これは間違いで、左脇は空けておくのが正解です。掌屈を入れてシャフトを軸旋回させながらインパクトを迎えるとハンドファーストの形になりますが、このとき左脇は開いているはずです。左脇を締め続けるとクラブを加速できないので意識的に開けておきましょうバックスイングからダウンスイングへの切り返しでは左右の手の位置関係が変わります。バックスイングでは左手の上に右手がある状態で上がってきてトップを迎え、切り返しでその位置関係が逆転して、左手が上、右手が下の状態で下りてきます。

右ヒジだけで考えると、ダウンスイングで外旋しながら下りてくるので、実際には右手が上になりますが、感覚としては右手が下になるのが正解です。

切り返し以降における左右の手の入れ替えはアマチュアが苦手な動作のひとつでしょう。右手でクラブを持って当てにいくと「右手が下」の状態を作ることは難しくなりますので、左手で引っ張ると共に、右手の指でクラブをひっかけることを再確認してください。また切り返しで左右の手の位置関係が逆転するときの動作がカウンターを入れる動きで、それに伴って左脇が開くことが重要です。左脇が開いた状態からシャフトをしっかり軸旋回させながらクラブを下ろしてきてインパクト。このときも感覚としては右手が下です

カウンター動作が正しく入ると左右の腕の間からボールが見える

左右の手を正しく入れ替えると右ヒジが下になり両腕の隙間からボールを見ることができます。そこからシャフトが正しく回転してくると右ヒジが下、左手が上というインパクトになりますが、これがボールを最も強く押せる形です

左右の手が逆転するカウンター動作を覚えるには、切り返し直後に両腕の間からボールを見る練習が効果的です。契約選手にもよくやってもらう重要なドリルでYouTubeでは公開していない秘密の練習ですが特別に紹介します。左脇が締まったままダウンスイングすると左腕の前からボールを見ることになりますが、左脇を開けて左右の手の位置関係を逆転させると、左腕と右腕の間にスペースが生まれ、そこからボールを見ることができます。

左右の手が入れ変わらないと切り返し以降もボールは左腕の先に見え続けます。これだと上体が突っ込みクラブが外から下りてきやすくなりますし、振り子の支点も右にずれてすくい打つ形になります

切り返したら腕相撲に負けるイメージで右腕を外旋させる

切り返しで右腕の外旋を意識すると、 多くの人が手の動きにつられて体まで上がってきますが、 あくまでも胸は下を向けたまま腕相撲に負けてください

ダウンスイングおよびインパクトで「左手が上、右手が下」の状態を作るには切り返し直後に右腕が外旋しなければなりません。これは腕相撲で負けるときの動作と同じで、切り返したら腕相撲で負けるイメージで、右腕を外旋させるとプロのようなダウンスイングになります。ところがほとんどのアマチュアはいきなり勝ちにいくので右手が上になり、そのまま下ろしてくるので「左手が下、右手が上」のインパクトになってしまうのです。

腕相撲で勝つ動きは右腕が内旋することです。これにより、美しいインパクトは迎えられず、上体も突っ込みやすくなります

COLUMN
5

切り返しの要点

▼

シャフトに負荷をかける動作をスイングに落とし込む

切り返しはゴルフスイングで最も難しい部分であるといっても過言ではありませんが、スイングの枠の中で考えていると正しい動作に到達しないかもしれません。その本質はシャフトに負荷をかけるということになりますが、これを理解するにはボールを打つのではなく、先端に重りのついている紐を振ったり、右手でクラブを持ってシャフトをしならせてみるといいでしょう。たとえばクラブを逆さまに持って地面を叩くとき、より強く叩こうとすると手首を柔らかく使ってラグ（時間差）を作ると思いますが、右の手首にタメを作ってからリリースするこの動きこそが切り返しでやるべき動作なのです。簡単な動作ではありませんが、だからこそスイングしながら覚えるのではなく、棒をしならせるという動作を理解した上でスイングに落とし込んでいくことが上達への近道です。

SPECIAL MOVIE

Part 6

インパクトの超基本

スイングの支点が移動することで インパクトがハンドファーストになる

右回りの動き

インパクトを覚えるにはまず、クラブを目の前に立てて右回りさせましょう。インパクトの瞬間には左の手首が折れてクラブが上昇する動きが当たり前にあると思います。ところがゴルフは切り返しでクラブを引っ張ってくるので、もともとあった支点に対して少し支点が左側にずれた所で当たる形になります。このように振り子の支点が移動することによってハンドファーストになることがインパクトを理解する第一歩です。

クラブを右回りに360度回転する動きをスイングに入れつつ最大限に加速しようとすると、振り子の支点が左に移動しハンドファーストの形になることが理解しやすいが、フェース面をボールに当てようとすると支点は右に移動しすくい打つ形になる。要は形を作りにいかず、高速で回転するクラブヘッドをボールに持っていく意識が大切

Part 6 インパクトの超基本

アマチュアがすくい打ちになってしまう理由

プロのインパクトは左脇が開いていてボールを強く押せるハンドファーストの形なのに対し、アマチュアのインパクトは左脇が締まっていて、その結果支点が右に移動しすくい打つ形になる。この違いを生むのはシャフトを軸旋回させる意識があるかないか

アマチュアの多くはクラブが３６０度回る前に当てにいくので、その結果、右手が高い位置で左手が低い位置のインパクトになってしまうのです。これだと左脇が締まってくるので、左手がロックされてフリップするような振り抜き方になります。右手が下で下りてきたらシャフトをしっかり回し、開いているフェースを元に戻しましょう。このようにフェースターンができてくると、自分にとって最も強いインパクトが作れます。

プロはクラブが360度回転しきる段階でも当てにいかず、シャフトを軸旋回させることでクラブを加速させる

アマチュアはクラブが360度回転する前にボールに当てにいくため、支点が右に移動しクラブも加速しない

インパクトはアドレスの再現ではない

☑手元の位置がアドレス時より左に移動する

アドレスの手元の位置でインパクトしようとするアマチュアは多いがこれは間違い。スピネーションと呼ばれる左手でシャフトを軸旋回する動作を入れた結果、 振り子の支点が左に移動してボールをとらえるのが正しい形

アドレスの状態から左脇を開け、なおかつ右ヒジを曲げて「右手が下、左手が上」の形を作ってインパクトを迎えますが、この形は明らかにアドレスの再現ではありません。実際にはこの形もクラブが回転している中のほんの一部分ですが、インパクトの瞬間を切り取るとこのようなハンドファーストの形になります。手元の位置はアドレスより左に移動しますが、左手でシャフトを軸旋回させた結果としてそうなることが重要です。

スイング中にクラブは回転しますが、そのときの左手首に注目すると、シャフトが水平のポジションまで下りてきたときに左手の甲が平らになり、平らのままシャフトを軸旋回させながらさらにクラブが下りてきてインパクトを迎えます

正しくインパクトした直後は親指が下を向く

フォロースルーで親指は常に下向いているべきですが、なぜかというとシャフトの軸旋回がしやすいからです。親指が下を向きながらシャフトを軸旋回するとフォローはアルファベットの「I」になりますが、これが「L」から「I」のインパクトです。

途中ちょっとでもシャフトを回さずにフェースを戻しに行こうとすると、その瞬間に「てこの原理」で支点が右にずれフリップ（すくい打ち）動作が入るので注意しましょう。

親指の向きでインパクトの良し悪しがわかる

正しいインパクトをした直後というのは、シャフトを正しく旋回させながら振り抜くので親指は必ず下を向きます。ですから下向きでフォロースルーを出すようにしましょう

フォロースルーではハンドファースト をキープしてはいけない

☑打った後はヘッドの慣性に逆らわない

ハンドファーストを強く意識している人は、打ち終わった後もそのまま維持しようとしますが、これには大きな力が必要ですし、クラブの本来の正しい慣性に逆らうことになりヘッドが走りません。あくまでもフォロースルーでは「I」字を無理にキープしようとせず、クラブの慣性に任せて左手を背屈させましょう。そのままフィニッシュに向かって行くと最終的にバランスのいい振り抜きになってきます。

インパクトからのフォロースルーの動作では親指が下向いて、感覚としては左の手首が平らになってきます。そして親指が下を向いた後は、クラブの慣性でクラブヘッドにヨコ方向の進行エネルギーが生まれ、その結果、背屈方向に手が動いてきます。

せっかくダウンスイングにおける掌屈を覚えたからといって、インパクト後もその形をキープしようとすると無理が生じ、ヘッドの加速を阻害してしまいます。ボールを打ち抜いた後はクラブの慣性に任せ、左手を背屈させながら振り抜いてください

Part 6 インパクトの超基本

体が起き上がるエラーはヒジ下の回旋に原因がある

プロ
PROFESSIONAL

左腕のヒジ下の回旋のエネルギーが体に反映されます。ヒジ下が回旋すれば体は低いポジションに収まろうとするので適正な低い長いフォロースルーをとれますが、まっすぐ動かすだけでは浮き上がりを生み前傾姿勢をキープすることができません良いスイングか悪いスイングかを判断する最大のポイントは、インパクトエリアのヒジ下の外旋ができているかいないかだと私は思っていますし、指導でもそこを重点的にチェックします。パッと見悪くなくても、左ヒジの下側が外旋してない場合には、フォロースルーで左手が詰まってしまいヒジが抜けますし、そもそもフィニッシュまでスムーズに行きません。またインパクトのときに体が浮く原因にもなります。

アマ
AMATURE

アマチュアの方で一番多いのは前傾姿勢がインパクトまでキープできないことですが、なぜできないかというと左のヒジ下が外旋してないからです。外旋ができていればインパクトで体が起き上がりません。人間の体というのは、外旋すればするほど低くなろうとしますし、まっすぐ行こうとすればするほど体は上へ上がろうとします。つまり起き上がる動作というのは、実は体の問題ではなくてヒジ下の回旋に問題があるのです

Part 6 インパクトの超基本

打ち終わったあとの景色を斜めに見ると体の動きが変わる

プロ
PROFESSIONAL
Point
フィニッシュで
クラブが
地面を向く

体が起き上がっている人はどちらかというとフィニッシュで右肩が高くなって、 クラブが地面に対して高い位置、 ヘッドが上のほうを指しますが、 正しくは逆で、 クラブは地面に向いていなければいけません。 地面に向かない場合も体の動きを横ではなく縦回転にする必要があるので、 とりあえず打ち終わったときの景色ができるだけ、まっすぐじゃなくて斜めに見えるように練習してください

プロを指導する中ではインパクト後の形から逆算的にスイングを改善する場合もあります。たとえば体を突っ込みながら打つとフィニッシュで景色がまっすぐ見えますが、景色を斜めに見ることを意識すると体が縦回転するようになります。アマチュアは体が起き上がる場合が多いのですが、これも体が縦回転せず横に回転しているからです。この場合もターゲット方向に景色を斜めに見るように意識してスイングしてください。

上体が突っ込んだり（左）、体が起き上がる（右）のは体が縦回転していない証拠。動作をすぐに改善するのは難しいが、打った後の視覚を斜めにすることで体の回転が横から縦に変換できる場合がある

Point

フィニッシュでクラブが地面を向く

体が早めに起き上がってしまう人は、フィニッシュで右肩が高くなってクラブヘッドが上を指しますが、正しくはクラブが地面に向いてなければなりません

Part 6 インパクトの超基本

100%の力で打つとバランスの良いフィニッシュは取れない

クラブは上を向く
アマ
AMATURE

プロ
PROFESSIONAL
クラブは地面を向く

なぜ多くの人がフィニッシュをきっちり取れないかというと、クラブに適正な遠心力がかけられてないということがありますが、もう１つにはボールに当てる意識が強過ぎて、いわゆるスイングが途中で止まっている、ということが言えます。いずれにしろアマチュアは１００％に近い力でボールを打つのでフィニッシュが上手く取れないのは間違いがなく、それに対しプロは１００％で打つことはまずありません。

Point 18ホールを同じ力加減でスイングしよう

大事なのは18ホール安定して同じ距離が出せることであり、それが可能なエネルギーでプレーしているのがプロゴルファーです。ここはぜひ見習って、コースではフルスイングせず少し飛距離をセーブして打つようにしましょう。最後にバランスよく立っていられることを第一に考え、そのときのエネルギーで飛んだ距離でプレーを組み立てるとスコアが安定してくるはずです

フィニッシュでアドレスした場所にいないアマチュアは少なくないが、これは100%かそれ以上の力でボールを打とうとしている証拠

COLUMN
6

インパクトの要点

▼

面を考えず「強く叩く」ことを意識して練習する

どういう過程を経たにせよ、最終的にクラブがボールとコンタクトする瞬間が正しくなければ狙ったところにボールは飛びませんので、インパクトはスイングにおける最重要パーツと言っていいと思います。ただし「インパクトが正しい」ということは「正しく作る」ということではなく、それまでの過程がある程度正しければ良いインパクトを迎えられるということも事実です。アマチュアは当て方というか形にこだわってしまいがちですが、大切なのは「物体を強く叩く」ということであり、それがインパクトの目的です。ですから単純にクラブで地面を叩いてみてください。強く叩ければそれだけボールに強い圧がかかってくるので、この「強く叩く」ことをインパクトでは意識してください。このときフェース面はまっすぐに当たるかもしれませんが、それ自体を目的にしないことです。面をまっすぐにしようとすると減速する動きになるので、方向性を考える前に、強く叩くことを優先して練習すべきです。

SPECIAL MOVIE

Part 7

クラブのトリセツ

Part 7
クラブのトリセツ
1

クラブの3つの動きを組み合わせるのがゴルフスイング

① 手元を支点とした振り子運動

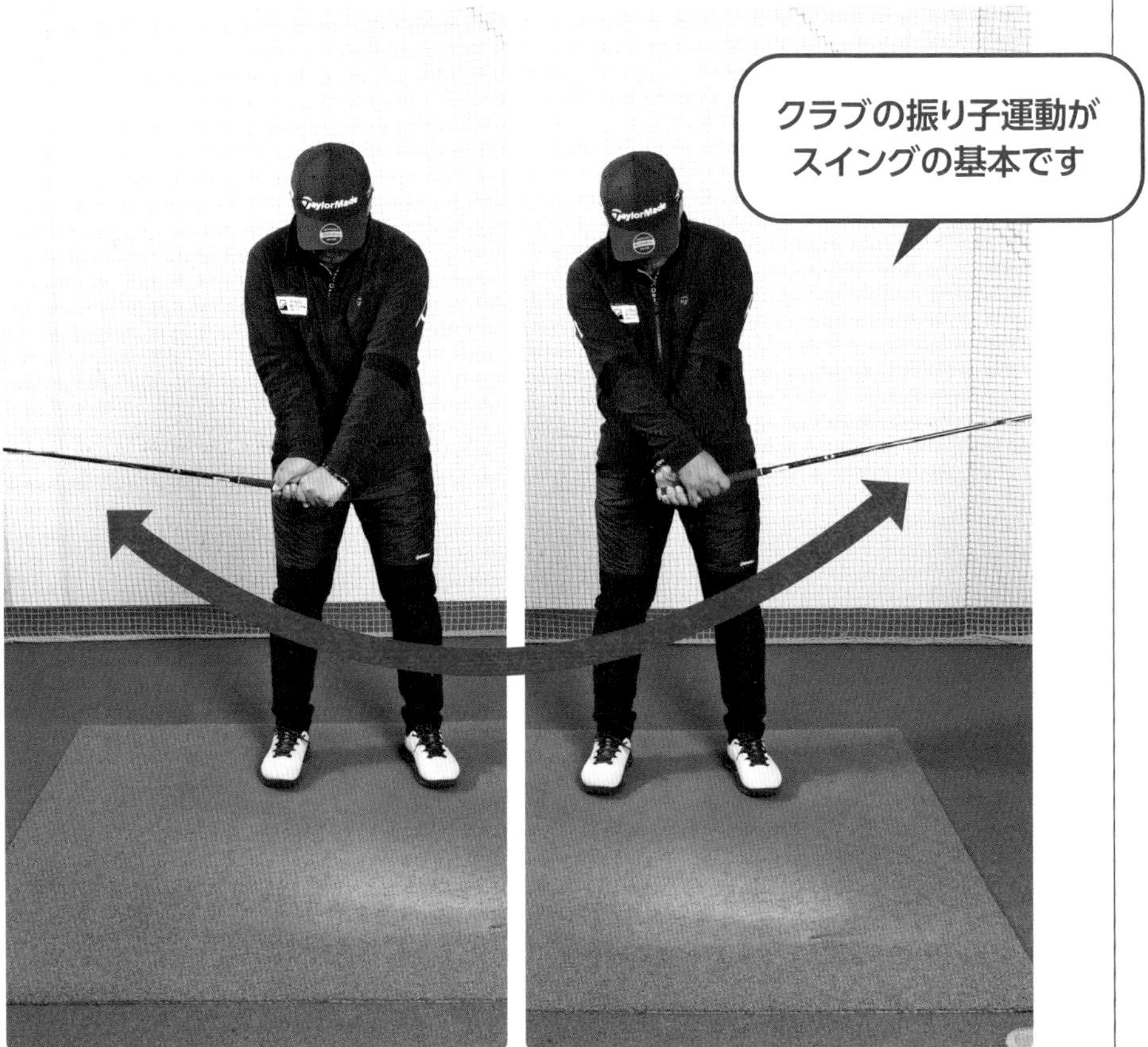
クラブの振り子運動が
スイングの基本です
TaylorMade

スイングのベースとなるのは振り子運動

クラブがスイング中どのように動くかというと、①手元を支点とした振り子運動　②縦方向のコッキング　③シャフトの軸旋回によるフェースターン、が行われています。この3つの動きを組み合わせながら、最終的にボールに対してフェース面を正確にまっすぐ戻すのがゴルフスイングです。ベースは振り子運動で、コッキングとシャフトの軸旋回が加わります。

② 縦方向のコッキング

③ シャフトの軸旋回によるフェースターン

短い距離のアプローチなどで吊るして構えて打つ場合にはあまりフェースターンは起こらないが、 少しハンドダウンで構えるとフェースのローテーションが自然に発生する

Part 7
クラブのトリセツ
2

インパクトでは振り子の支点が移動する

支点が固定されていると
クラブが加速しません

支点が左側に移動する
ことでクラブが加速する

振り子の支点を左に移動

　フェースが回転するとボールがまっすぐ飛ばないのでは？　と考えるアマチュアもいるかと思います。確かに支点である手元を固定して振り子運動を行うと、フェースローテーション量が多くなってまっすぐ当たる時間が少なくなりますが、実際はそのようにボールをとらえるわけではなく、振り子の支点が左側に移動することでクラブが加速しインパクトがハンドファーストになります。

支点が左に移動しない

支点が左に移動する

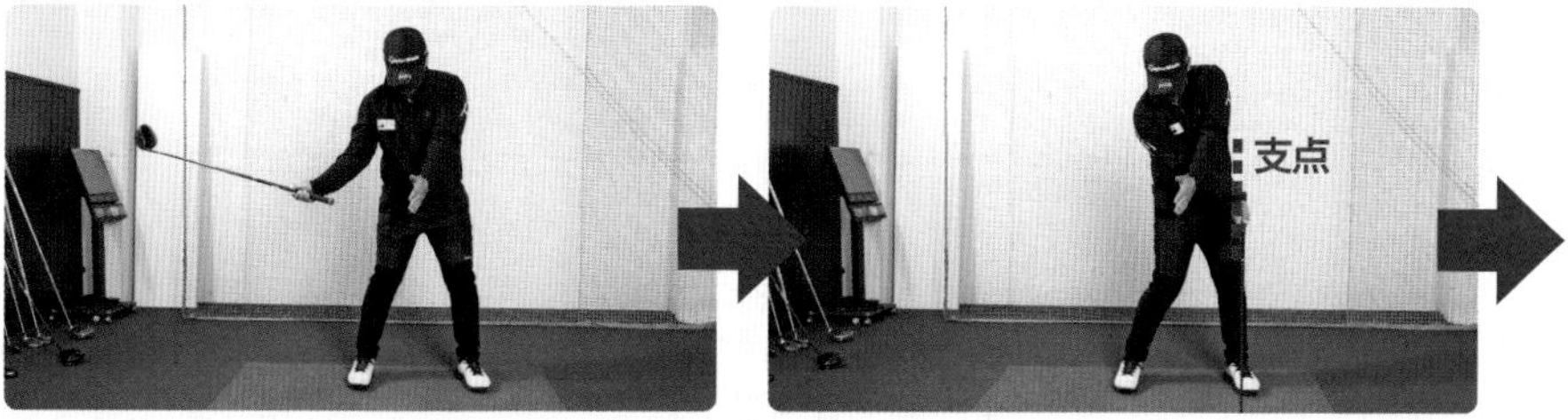

プロや上級者は手元を左側に移動するなかでボールをとらえるので、感覚的には面が変わっていないように感じます。支点がずれたところで当たって、当たった後にフェースターンすることを理解しよう

Part 7
クラブのトリセツ
3

連続素振りでクラブの正しい使い方が身に付く

クラブヘッドを
高速で動かす

高速運動させているうちに正しい使い方が身に付く

クラブの扱い方を覚えるのに最適なのが連続素振りです。手元を体の正面から極力動かさず、リストを使ってクラブを振り子運動させる練習ですが、実際にやってみるとスピードを出すにはフェースターンが必要だとい

うことがわかるはずです。さらにスピードを出そうとクラブに加速度を与えてくると、支点が左側にずれると共にクラブが少し遅れて下りてきます。その結果シャフトがしなり、ボールをとらえた後にフェースが開放され強いインパクトが実現されますが、これが連続素振りとその流れの先にある実際のスイングです。

　ですから連続素振りを徹底的に行ってください。高速運動させる中でクラブの正しい使い方が自然に身に付く究極の練習です。

Part 7
クラブのトリセツ
4

フェース面をまっすぐ戻す意識は必要ない

フェース面を
意識すると支点が
右に移動します

「体の正面でとらえよう」という考えがそもそもの間違い。クラブが360度回転する前に当てにいくと振り子の支点は右に移動し、すくい打ちになる

体の正面でボールをとらえるわけではない

連続素振りを行う際、体の正面でフェースをまっすぐ戻そうという意識が働くと支点が右に移動します。多くのアマチュアが実際のスイングで犯しているエラーがこれで、フェース面をまっすぐボールに当てようとするせいで支点が右に移動してしまい、ダフったりトップしたり、引っかけということが起こるのです。先端を振り続けることにフォーカスして練習してください。

支点が右にずれている

Part 7
クラブのトリセツ
5

意図的に作ったハンドファーストに意味はない

ハンドファーストは振り子運動のごく一部分を切り取っただけで、それ自体を目的にするのはナンセンス。意図的に作りにいくとクラブは一切加速せずボールが飛ばない

ハンドファーストは目的ではなく結果

「ハンドファーストが大事なんでしょ？」と意図的にハンドファーストを作りにいく人がいますがこれはやめましょう。クラブの取り扱いで重要なのはとにかく先端を高速で振り続けることです。その動きの中で振り子の支点が移動し、クラブに加速度が与えられ、結果としてクラブが回転運動につながっていくというのがスイング習得の理想的な順序です。

振り子運動のスピードを最大にしようとするとクラブを引っ張りながらシャフトを軸旋回する動作が必要になるが、このとき振り子の支点は左に移動する

Part 7
クラブのトリセツ
6

スイングではクラブを「引っ張る」動作が不可欠

つまんでいると
引っ張ることしか
できません

クラブを引っ張りながら加速させる

ゴルフクラブを扱う上で不可欠なのが「引っ張る」という動作です。連続素振りから実際のスイングへのつながりの中で振り子の支点が左に移動しますが、これはクラブの根元を左側に引っ張っていると言い換えることができます。振り子運動だけでは引っ張る動作は必要ありませんが、クラブを加速しようとすると手元を引っ張る動きが必要になってきます。

ドリル 左右の指でクラブをつまんで振り子運動

グリップエンド側を指でつまみ、つまんでいる部分を左右に動かすことによって振り子運動が始まることを確認しよう。バックスイングとダウンスイングの両方でクラブを引っ張りながら加速させるのがゴルフスイングです

Part 7
クラブのトリセツ
7

「引っ張る」動作を覚えるのに最適なのが左手での片手打ち

左手でクラブを引っ張ってボールとコンタクト。 親指を下に向けてとらえよう。 1〜2ヤードから始め慣れてきたら距離を伸ばしていく

左手1本で1〜2ヤードの短い距離を打つ

クラブを引っ張る動作を覚えるのに最適な練習が左手での片手打ちです。左手でクラブを持ち、テイクバックしたらクラブの根元をしっかり引っ張ってください。手につられてクラブが後からついてきてボールに当たるはずです。これで1〜2ヤードの短い距離を打ってください。打ち終わったときにまだ手元よりクラブヘッドが遅れた状態であればOKです。

フォローで手元よりヘッドが先行しているようなら、上手く打てたとしても間違いです。引っ張った結果当たっているのではありませんし、意図的に面を作っている証拠です

Part 7
クラブのトリセツ
8

柔らかいものを振るイメージをするとスイングが変わる

手元の操作で
先端を動かす

紐を振る場合は先端の向きを元に戻そうとは考えないはず。ゴルフクラブを持った際も同様に、手元を引っ張ることで先端の物体を動かすのが操作の基本となる

シャフトが柔らかい紐とイメージして振ろう

クラブをどう扱ったらいいかを先端に重りのついた紐で学べます。紐を振るときには先端の向きは考えません。ですのでゴルフスイングを真似て振ると、誰でも手元を引っ張ることで先端を加速し最終的に開放しようとするはずです。ゴルフクラブで先端から当てにいくのは硬いものだと認識しているから。シャフトが紐だったらとイメージして振ってください。

クラブが硬い棒だとイメージすると先端から動かそうとするが、縄跳びのように柔らかい紐だと考えると手元を引っ張って動かそうとするはず

Part 7
クラブのトリセツ
9

切り返しで引っ張れば クラブは自然に 右回りする

左手でクラブを引っ張るとクラブは自然に後ろに倒れ右回りしながらスイングプレーンに乗ろうとする。これはクラブが先端に重りのついた偏重心構造だから

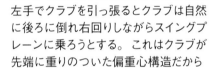

偏重心構造のクラブは右回りするのが自然

柔らかい紐だとイメージしてゴルフクラブを振るとどうなるかというと、切り返しで手元を引っ張ることでクラブが背中側に倒れ、そのまま引っ張ってくることで右回りの挙動が起こります。これはクラブがシャフト軸の右側にヘッドがついている偏重心構造だからで、右回りの挙動は意識的に行わなくても根元を持って引っ張ることで自然に起こります。

NG

クラブが左回り
している

先端をボールに当てにいくとクラブは左回りをする。クラブが外からきてしまうような場合はクラブを紐に持ち替えて、トップから気持ち良く振り、動作と挙動をチェックしよう

Part 7
クラブのトリセツ
10

当てにいく癖が強い人は右手を使わない「歌舞伎ドリル」を

右手でぶつけにいく悪い癖を矯正するのが「歌舞伎ドリル」。打った後の姿が歌舞伎の決めポーズに似ているのでそう呼んでいます。カット打ちが直らない、すくい打つ癖がある、どうしてもフリップしてしまう、これらの悪い癖を矯正してくれる効果的なドリルです

右手でぶつけにいく癖を直す効果的なドリル

クラブヘッドからぶつけにいきたくなる場合は、右手を強制的に使えなくしてボールを打ちましょう。バックスイングが上がったら左手だけでクラブを引っ張り下ろしてボールを打ちます。この練習は右手でクラブを持っていないので、当てにいくことができません。フェース面を考えなくなりますし、クラブを引っ張りながら加速していく感覚を覚えられます。

いつものようにバックスイングしたら右手を離し左手だけでクラブを引っ張り下ろしてボールを打つ。物理的に右手で当てにいくことができないので、左手で引っ張る動作を覚えることができる

Part 7
クラブのトリセツ
11

ゴルフクラブは360度回転する

スイングの本質はゴルフクラブの振り子運動ですが、スイング全体で考えるとクラブが360度回転し、その中でボールをとらえているのがリアルな姿です

手首を柔らかく使って クラブを円運動させる

　体の前でクラブを持ち手元を動かさずにクラブを３６０度回転させてください。安定してクラブを回し続けているときには遠心力が発生しています。打った直後にクラブが止まったり、ドライバーでフィニッシュが取れない場合は、間違いなくクラブに適正な遠心力が発生していませんので、クラブを回転させ手首の動きを確認し遠心力を感じ取ってください。

手元の位置を変えずに
クラブを回す

スムーズなスイングができないと自覚しているならクラブを回してください。360度回転させる中に手首の使い方や発生する遠心力など、スイングの本質に気付くことができます

Part 7
クラブのトリセツ
12

打ってからボールのあった場所にクラブヘッドを戻す

打った後も
クラブを回し続け
地面に着地

当たった直後にクラブヘッドを持ち上げてしまう場合があるので注意しましょう。インパクトからさらに360度回転して地面に着地するのが正解です

打った後もクラブを３６０度回転させる

実際にボールを打つときにはクラブが３６０度回転しないものです。そういう場合はインパクトしてから意識的にクラブを回し続け、ボールのあった場所にクラブヘッドを着地させてください。最初はゆっくりで構いませんのでしっかりとフォローを出しクラブを３６０度円運動させてください。小手先で行わず、遠心力を感じながら行いスピードを上げていきましょう。

正しく360度回してボールを打つとインパクトは必ずハンドファーストの形になっているはずですので、 カメラで撮ってチェックしてください

Part 7
クラブのトリセツ
13

フィニッシュで首の後ろ側にクラブが収まっているか？

クラブはこのように動きたがる

自分のほうに
動きたがる

体の回転がないと考えた場合、 遠心力がかかったクラブは自分の前面で回転し戻ってこようとします。 まずは体を止めてクラブのこの挙動を確認してください

クラブは自分のほうに戻ってこようとする

クラブを正しく引っ張りながら回転運動を促すと、フォロースルーから後は背中側に抜けるのではなく自分のほうに戻ってこようとします。インパクト直後は左サイドに抜けてきますが、そのまま左に抜けるのではなく、回転しながら右に戻ってくるのが正しい動きです。この動きと体の回転がミックスするとフィニッシュで首の後ろ側にクラブが収まります。

体の回転が入るとこのフィニッシュになる

クラブに適正な遠心力がかかっている場合、体の回転が加わるとクラブはフィニッシュで首の後ろ側に収まります

NG
背中のほうに抜けている

クラブが背中側に抜ける場合は振り遅れた証拠です。そのままでは間に合わないので慌てて帳尻を合わそうとすると右肩が浮いたフィニッシュになります

Part 7
クラブのトリセツ
14

バックスイングの本質もクラブを引っ張ること

OK

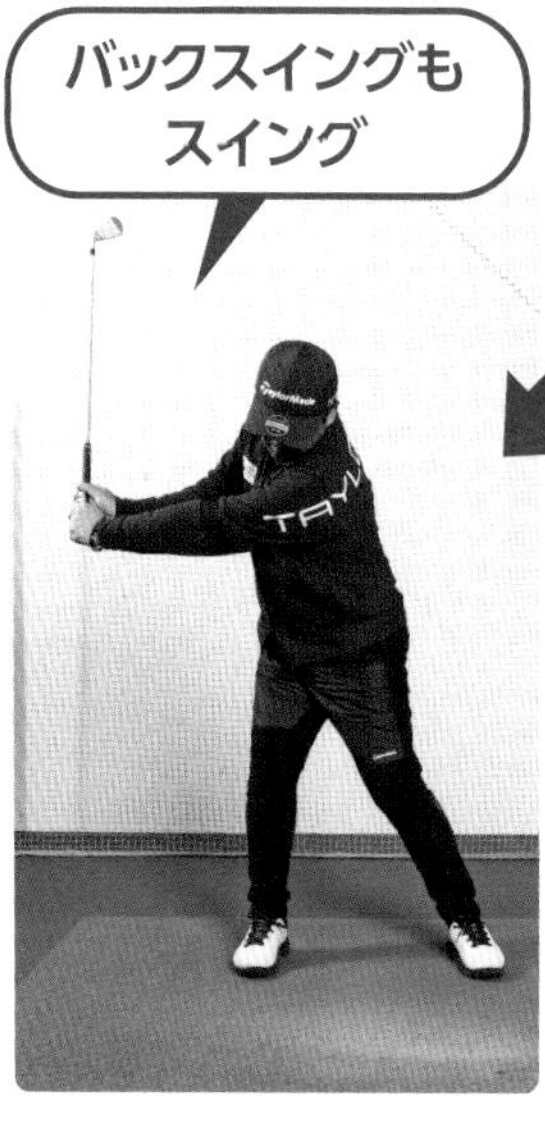
バックスイングも
スイング

バックスイングもスイングである以上、手先の力で形を作りにいくのは大きな間違い。ダウンスイングと同様に手元を引っ張ることでクラブに遠心力を起こすことが重要となる

ダウンスイングにつながるバックスイングをしよう

バックスイングでも同じようにクラブを引っ張ることが必要です。バック「スイング」なのでスイングしなければならないのです。そのきっかけの動作を私は「左ハンドル」と表現していますが、始動で手元を先行させることでクラブを加速しスムーズな回転運動を作り出しているわけです。それができて初めて切り返しで引っ張り戻すという動作につながってきます。

NG
これでは ダウンスイングに つながらない
クラブをいきなり 持ち上げている

バックスイングを形として作りにいくことに意味はないのです。あくまでもダウンスイングにつなげるための助走動作だということを認識すれば、手先での操作はしなくなるはずです

Part 7
クラブのトリセツ 15

バックスイングをどこに上げるか考えているうちは上達しない

バックスイングで
形を作りにいくのは
ナンセンス

もしあなたが一生懸命バックスイングの上がるポジションやフェースの向きをチェックしているとしたら、時間の無駄といっては言い過ぎですが、コースで使えるスイングにはなりません。それよりもクラブを「引っ張り上げて引っ張り戻す」という原理原則を理解し、クラブを正確に円運動させられるように練習しましょう

形を作りにいくことに意味はない

アマチュアゴルファーはスイングを作ろうとする過程で、バックスイングをどこにどう上げるかということにフォーカスしがちですが、実際問題としてそれは遠回りです。スイングの本質が振り子運動や360度の円運動にあることはお話ししましたが、そこには「形を作りにいく」という要素は存在しませんしフェース面を意識することもないのです。

右手で捲ると
どこに上げようかなど
考えない

迷ったら右手でバックスイングしてください。 どこに上げようかとは考えないはずです。スイング作りにおいてはその「形を作りにいかない」ということが重要で、 結果としての形があるだけです

おわりに

ゴルフの原理原則について無駄なく、かつ包み隠さずお話したつもりですがいかがだったでしょうか？　『MITSUHASHI TV』のヘビーユーザーならおわかりいただけたかと思いますが、スイングの重要部分というのは私が繰り返し言及してきたことでもあります。たとえば「連続素振り」はスイングの基礎を作る練習として私が指導を始めた当初から採り入れてきましたし、クラブを右回りさせることやその予備動作としての左ハンドルの重要性などに触れたことは1度や2度ではありません。

要はゴルフの真髄は変わっていないということですね。表現の仕方は多少変わっても、その根本にあるものは不動なのです。ゴルフクラブをどう扱うか、究極的にはそこに集約されますし、プロへの指導の現場でもそこに関するやり取りがメインになってきます。

もちろんそれを実際に行うことは簡単ではありませんが、原理原則を知らずしてプロのようなスイングは絶対に作れません。本書を一読されたみなさまにおかれましては、真の上達へのスタートラインに立ったことを自覚し、日々の練習に励んでいただければと思います。

三觜喜一

著者 三觜 喜一（みつはし よしかず）

1974年生まれ。三觜ゴルフスクールを主宰。日本プロゴルフ協会認定ティーチングプロA級。2014年日本プロゴルフ協会ティーチングプロアワード功労賞受賞。1999年よりジュニア指導を中心に活動、「わかりやすく、実戦的」と多くのゴルファーから高い評価を得ている。また、YouTube動画「三觜喜一MITSUHASHI TV」も数多くの支持を集めている。第6回日本ゴルフジャーナリスト協会（JGJA）大賞受賞。主な著書に『ゴルフは直線運動で上手くなる！』『最強インパクトを作るうねりスイング』『うねりスイング 実戦ラウンド編1』（いずれも日本文芸社）がある。

STAFF

●編集　小林一人／今橋 昇
●デザイン　MSTD studio
●撮影　天野憲仁（日本文芸社）

アマチュアが知《し》らないゴルフの超《ちょう》基《き》本《ほん》

2024年4月1日　第1刷発行
2025年1月1日　第3刷発行

著　者　三觜《みつはし》　喜一《よしかず》
発行者　竹村　響
印刷所　TOPPANクロレ株式会社
製本所　TOPPANクロレ株式会社
発行所　株式会社日本文芸社
〒100-0003　東京都千代田区一ツ橋1-1-1　パレスサイドビル8F

Printed in Japan　112240322-112241218Ⓝ03　（210124）
ISBN978-4-537-22201-2
URL https://www.nihonbungeisha.co.jp/

（編集担当：菊原）

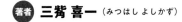